El aprendizaje del aprendizaje
Una introducción al estudio del derecho

El aprendizaje del aprendizaje
Una introducción al estudio del derecho

Juan-Ramón Capella

EDITORIAL TROTTA

COLECCIÓN ESTRUCTURAS Y PROCESOS
Serie Derecho

Consejo Asesor: Perfecto Andrés
Joaquín Aparicio
Antonio Baylos
Juan-Ramón Capella
Juan Terradillos

Primera edición: 1995
Segunda edición: 1998
Tercera edición: 2001
Cuarta edición: 2004
Quinta edición revisada: 2009
Primera reimpresión: 2017

© Editorial Trotta, S.A., 1995, 1998, 2001, 2004, 2009, 2017
Ferraz, 55. 28008 Madrid
Teléfono: 91 543 03 61
Fax: 91 543 14 88
E-mail: editorial@trotta.es
http://www.trotta.es

© Juan Ramón Capella, 1995, 2009

ISBN: 978-84-9879-069-6
Depósito Legal: M-28996-2009

Impresión
Ulzama Digital

SUMARIO

Bienes de cultura	9
Las clases	25
Modos de aprendizaje	29
Pliego Intercalado I	40
Los profesores	45
Estar en clase	53
Los libros	56
Pliego Intercalado II	59
Tus coeducadores principales	61
Los seminarios	64
La ocupación del espacio cultural	70
Pliego Intercalado III	73
Exámenes, aprobados y chuletas	75
La dificultad actual de la Historia del Derecho	81
Pliego Intercalado IV	87
La organización de la licenciatura	89
Cómo estudiar derecho sin hastiarse	97
Pliego Intercalado V	99
Un brillante porvenir	101
Pliego Intercalado VI	105
Bibliografías	107
Nota de agradecimiento	121

BIENES DE CULTURA

Estás en la universidad y no toda la gente de tu edad, ni mucho menos, está ahí. Tú ya has pensado en eso. O quizá no te has detenido a pensarlo y lo has dado por supuesto: ya sabías, al salir de tu casa, que había otros chicos o chicas que no eran como tú, sino más pobres, o que, en algún sentido, experimentaban los apremios de la vida más duramente que tú. Personas que no iban a ir a la universidad. Entre ellos y tú es perceptible una desigualdad.

Una desigualdad de la que no tienes culpa alguna, claro es, aunque estás en su lado mejor. Pero también sabes que en nuestro mundo las desigualdades —y no sólo las diferencias— entre las personas son inmensas, abismales: tanto entre tus compatriotas y gentes de otros pueblos como en tu propio país, en tu propia sociedad. No puedes negarte a pensar en la *desigualdad*, ese fastidioso asunto. El primer paso importante que dar al entrar en la universidad es saber hacer frente intelectual y moralmente a la desigualdad social.

A poco que obtengas conocimientos antropológicos sabrás de comunidades en cuyo interior no ha existido una desigualdad abismal reproducida socialmente como entre nosotros. En nuestra sociedad, en cambio, la desigualdad se reproduce y perdura por mecanismos complejos que aprenderás a comprender. Ya intuyes que entre la pobreza y la riqueza, por ejemplo, hay una relación complicada y laberíntica; que tener el punto de partida de la propia vida a uno u otro lado de la línea de separación no es cuestión, como creen los necios, de cualidades personales.

Sobre la relación de *desigualdad* te daré pistas más adelante. De momento me interesa destacar un aspecto de las relaciones sociales: se trata de que las personas a menudo *no tenemos consciencia* de aquellas en las que estamos involucrados. Las funciones sociales se desempeñan y las características de una sociedad se generan con independencia de que los sujetos sean o no conscientes de ellas y de sus mecanismos causantes. Así, todos hemos empleado las palabras «padre» y «madre» mucho antes de ser conscientes de la relación biológica o sociocultural que expresan. Pues bien: puedes tratar de abrir los ojos a las características objetivas de las relaciones sociales que hacen «necesario» que no toda la gente de tu edad esté en la universidad.

Los bienes de cultura (ideas, conceptos, lenguajes y sus soportes) son bienes como cualesquiera otros. En su producción se ha consumido tiempo de trabajo humano como en la de los demás bienes. Desde niños empezamos a participar de ellos principalmente en función de la medida en que los bienes de cultura están a disposición de nuestras familias. Rozamos aquí un manojo de cuestiones previas que conviene abordar, aunque sea sumariamente.

Una primera serie de ellas viene dada por la existencia en cada sociedad de subculturas distintas. Hay culturas populares, de tradición campesina u obrera, y una cultura hegemónica, dominante, que a veces es llamada cultura burguesa. También se puede hablar de subculturas para aludir a las culturas específicas de ciertos aspectos sociales importantes: subcultura femenina, subcultura masculina, etc. Supuesta esta distinción, cuando decimos de alguien que es, por ejemplo, «inculto» solemos hacerlo por referencia a la (sub)cultura dominante; al hacer una afirmación así significamos que carece de bienes y valores culturales apreciados por quienes viven en la cultura dominante; la persona de quien decimos eso, no obstante, puede estar plenamente integrada en otra subcultura, y en ésta ser «culta», aunque se trate de una (sub)cultura subalterna. En una sociedad aún predominantemente patriarcalista la (sub)cultura femenina sigue infravalorada frente a la masculina, aunque contiene elementos muy valiosos que es necesario extender a toda la sociedad.

Nadie vive fuera de toda cultura. Hay, de todos modos, culturas pobres y ricas: una cultura carente de alfabeto es más pobre instrumentalmente que otra que lo tenga; sin embargo, al comparar culturas no hemos de considerar solamente sus capacidades cognitivas, pues una cultura está integrada, además, por su instrumental de relación con la naturaleza (cultura material, o aspecto material de la cultura) y por valores morales. Una cultura puede ser perfectamente valiosa y rica desde las dos primeras perspectivas apuntadas y ser analfabeta desde el punto de vista moral. Puedes calibrar estos aspectos —cognitivo, material, moral— de las diferentes culturas de un modo bastante plástico comparando desde este punto de vista a las naciones indias de América del Norte con los anglos que las exterminaron para crear en las tierras que ocupaban una sociedad mercantil de ganaderos y campesinos independientes[1].

---

1. Para la idea de «analfabetismo moral» puedes leer a J. W. Botkin y otros, *Aprender, horizonte sin límites. Informe al Club de Roma*, Santillana, Madrid, 1979; más adelante volverás a encontrar referencias a este interesante texto. Por otra parte, puedes introducirte

EL APRENDIZAJE DEL APRENDIZAJE

La inserción de una persona en una determinada cultura e incluso en una subcultura específica, en nuestra sociedad, se realiza primariamente a través de su familia. Las familias son agregados sociales muy básicos y primarios. Tú te has insertado en una cultura (la que sea) primero a través de tu familia, cuyo trato básico con el mundo y la sociedad y cuyo conjunto de valores hacías tuyos al tiempo que aprendías a hablar y a andar. Originariamente perteneces a la clase social de tu familia. Y a través de los bienes de cultura propios de tu familia has aprendido a captar las diferencias culturales y las diferencias sociales.

En una misma sociedad las diferencias de cultura y las varias subculturas grupales (de clase, de nación, de género, etc.) se entremezclan y dan lugar a ciertas variantes. Así, en España, las personas que son gitanos de nación pueden tener la misma cultura material (manejar los mismos instrumentos) que quienes tienen otra nacionalidad primaria no obstante conservar una cultura moral —costumbres, valores— enteramente distinta, no compartida por los demás (y con frecuencia combatida con racismo e intolerancia[2]).

Por otra parte, los aspectos cognitivos, materiales y morales de diferentes procedencias culturales pueden chocar vivamente en la vida real. Estos choques suscitan en las gentes fenómenos de aculturación, esto es, de desidentificación respecto de su cultura originaria global sin identificación plena con otra. La movilidad social, tanto la ascendente o descendente (cambio de clase social) como la horizontal (cambios de tipo de trabajo entre los sectores agrícola, industrial y de servicios) y la meramente geográfica, tiende a producir el mismo efecto. Vives en una época en que los fenómenos de aculturación afectan a masas enormes de contemporáneos tuyos (y tal vez a ti mismo), lo que facilita que la cultura materialmente dominante refuerce su hegemonía sobre toda la sociedad incluso cuando en alguno de sus aspectos pueda ser mucho más pobre que las culturas subalternas[3].

---

en los problemas del choque de culturas a través de la autobiografía del guerrero apache Gerónimo (el de las películas, efectivamente) recogida por un funcionario durante su cautiverio: S. M. Barrett (ed.), *Gerónimo. Historia de su vida,* Grijalbo, Barcelona, 1975, traducida y anotada por M. Sacristán Luzón (aunque existen otras ediciones).

2. A los gitanos españoles se les reprocha autosegregarse del resto de la sociedad pretendiendo excusar así, probablemente, la violencia de que son objeto. Tal autosegregación es una falsedad histórica, pues la marginación de esta etnia (procedente al parecer del actual Pakistán) ha sido la política construida para ella por el Estado al menos desde Felipe V. Aún hoy carecen de validez civil las normas gitanas (de casamiento, de familia, etc.), pese a que su observancia es muy viva entre los miembros de esta comunidad. En algunos aspectos la cultura gitana de España es moralmente más elevada que la cultura paya: los gitanos, pese a la precariedad en que muchas veces viven, jamás inducen a sus hijos e hijas a la prostitución, mientras que los payos sí.

3. Si me permites aludir a un fenómeno cultural superficial, menor, mencionaré el hecho del predominio en las pantallas, por obra de su inmensa inversión en propaganda,

Los bienes de cultura, obviamente, no son sólo los que desde dentro de la cultura hegemónica se valoran como tales. La fábula o el canto que transmite a su hijo una madre analfabeta es un bien de cultura, y probablemente muy valioso para la educación sentimental y moral de quien lo recibe. Valores como la solidaridad y sentimientos como la piedad son bienes culturales de primera magnitud, como comprobarás a lo largo de tu vida, pese a que la cultura hoy hegemónica prácticamente los ridiculiza. Por otra parte, en una sociedad mercantil los valores de uso (o la capacidad de satisfacer necesidades) de los bienes de cultura tienen muy poco que ver con los precios de estos bienes (y a menudo también con sus costes). El resultado es que las gentes no se pueden guiar en sus opciones culturales por los criterios que emplean para hacerse con otros bienes. Una sociedad devoradoramente consumista tiende al autoengaño cultural; a seguir también respecto de los bienes de cultura preferencias, gustos y modas impuestos por los grandes agentes económicos. Y no sólo a propósito de la producción cultural puntual, como las obras literarias, cinematográficas y en general estéticas, sino también respecto de la cultura material (automóvil individual, electrodomésticos...) y los modos de vida (megalópolis, agroindustria, etcétera).

Acaso te estés preguntando qué tienen que ver fenómenos como el autoengaño, el choque cultural, la aculturación y la existencia de subculturas con el hecho de que no todo el mundo tenga acceso a la enseñanza superior. Y además tal vez acumules en tu cabeza preguntas y exigencias de aclaración que no puedes formularme porque carecemos del adecuado juguete electrónico que nos permita comunicar directamente. Bueno; habrás de tener un poco de paciencia: no es posible contarlo todo a la vez. Por otra parte, puedes anotar esos problemas que se van suscitando en ti en un «cuaderno de lectura» (tal vez no se te haya ocurrido, pero conviene llevar un *cuaderno de notas* —cosa completamente distinta de «tomar apuntes»— para lo que te sugiera la lectura, las clases, las conferencias...), antes de que abordemos el asunto por otro lado. Verás en seguida cómo te ayuda esa pequeña operación: acumular en un librillo las *sugerencias* y las *preguntas* de tu propio aprendizaje.

Reflexionemos ahora sobre la división social del trabajo. Nosotros no vivimos ya en sociedades en las que el trabajo necesario para

---

del cine norteamericano, que desde hace tiempo produce al año muy pocas películas dignas como obras de arte, frente a cinematografías muy pujantes, con obras que quedarán para siempre en la historia del cine, las cuales sin embargo ni siquiera son estrenadas o quedan relegadas a circuitos de cinéfilos por no contar con aparato publicitario. Si te gusta el cine, has de espabilar también aquí. Una obra de arte dice mucho sobre el mundo en que ha nacido.

mantener la vida y reproducirla estaba poco dividido en comparación con el tiempo presente; la nuestra no es una sociedad en la que cada uno, o cada pequeña unidad social (familia, grupos menores), trabaja y consume el producto de su propio trabajo, o la mayor parte de él. Entre nosotros y nuestro pasado de algo parecido a monos cazadores y recolectores en pequeñas bandas familiares media muchísima historia. Hoy el trabajo —y el producto de éste— está altamente dividido en la sociedad, y mundialmente. Casi nadie puede vivir mediante lo producido para el autoconsumo. En las sociedades capitalistas se produce para el mercado, y además quienes producen para él no son casi nunca individuos desorganizados, sino que lo hacen en instituciones (estructuras ordenadoras de actividades de grupos de personas) característicamente modernas, las empresas, que sobre la base del intercambio de dinero por capacidad para trabajar de personas logran la producción de bienes que asumen la forma de mercancías, es decir, que se pueden cambiar por dinero —por una mercancía cualquiera.

Dejaremos de lado de momento algunas cuestiones que sin embargo son muy importantes (por ejemplo, se deja de lado aquí las funciones que tiene el dinero en la sociedad moderna, desde las económico-cambiarias hasta las ideológicas e incluso psicológicas; y dejamos de lado también la naturaleza «explotadora» de las personas del proceso productivo capitalista —esto es, que el valor de lo producido por quienes venden su capacidad para trabajar sea superior al valor de los bienes que pueden adquirir con lo que se les paga, y que la orientación del proceso productivo les sea enteramente ajena[4]—. Atendamos sólo a que el conjunto del proceso de reproducción social puede verse como una serie infinita de actos de intercambio que median la producción: hay que intercambiar para poder producir e intercambiar para poder usar lo producido, y vuelta a empezar. El trabajo mismo está, como cuestión previa, infinitamente dividido y parcelado en microscópicos minifundios. El trabajo de cada uno es una actividad parcial, insuficiente en sí misma, que ha de componerse con el trabajo de otros para dar lugar a bienes en forma de mercancías a través de instituciones de agregación —empresa, mercado, estado, principalmente—, y distribuirse posteriormente (aunque el proceso es continuo) hasta llegar a la satisfacción de «necesidades».

---

4. El «valor», en los intercambios de mercancías heterogéneas (incluida la capacidad para trabajar) puede medirse, según las escuelas económicas, de dos maneras en realidad equivalentes: una es la cantidad de tiempo de trabajo social medio incorporado en cada una de ellas (así, el valor de la capacidad para trabajar de una persona durante una jornada es la suma de tiempo socialmente necesario para la producción de los bienes cuyo consumo le da esa capacidad); la otra hace referencia a cantidades de una mercancía cualquiera (trigo, por ejemplo) tomada como patrón.

En el modo de fraguarse la división social del trabajo influyen factores diversos: naturales, técnicos, económico-sociales y políticos. La importancia relativa de estos factores ha sido cambiante a lo largo de la historia. Hay sin embargo dos grandes líneas divisorias que se cruzan como coordenadas. La abcisa puede representar la división del trabajo por géneros. Son numerosas las sociedades en que ciertas funciones sociales se han asignado a las personas según su sexo, como todavía tiende a ocurrir hoy. La ordenada puede representar la división del trabajo en trabajo intelectual y trabajo manual —o, siguiendo un criterio paralelo más preciso, en trabajo ordenante y trabajo subalterno—. Pese a que algunos sociólogos ponen un énfasis a mi modo de ver desmedido en la relativa disminución, en las sociedades industrializadas, del trabajo manual, o físico, esta línea divisoria me parece aún fundamental, y podemos atenernos a ella sabiendo que por trabajo predominantemente físico, no intelectual, hay que entender en estas sociedades materialmente muy poderosas el trabajo repetitivo y heterodirigido (o sea, el substancialmente obediente, subalterno, no dirigido por uno mismo).

El proceso de trabajo, mediante el que nos relacionamos con la naturaleza para mantener nuestra vida, es sin embargo único pese a estar fragmentado, en el sentido de que, pese a tener aspectos o momentos de actividad física y aspectos o momentos de actividad intelectual, no se puede realizar sin esos dos momentos o aspectos. Nuestros antepasados cazadores-recolectores ni los podían separar al representarse lo que hacían. Cuando el trabajo no es ya de vida o muerte, esto es, cuando se puede trabajar hoy para satisfacer una carencia que sólo se experimentará mañana y el proceso productivo se hace más complejo, surge la posibilidad de la separación de sus distintos aspectos.

La división del trabajo en intelectual y no intelectual, u ordenante y subalterno, constituye, con la división del trabajo según el género, la gran partición determinante del tipo de trabajo que realizan las personas. Esta divisoria es, como verás, de la mayor importancia práctica, pues se tiende a asignar los dos aspectos generales del trabajo a grupos sociales distintos.

Que los aspectos del proceso productivo que exigen la activación de facultades predominantemente intelectuales de las personas queden reservados para los miembros de las clases socialmente eminentes, mientras que los aspectos de ese mismo proceso que exigen la intervención de destrezas y fuerzas predominantemente físicas o repetitivas de las personas se asignen a los miembros de las clases subalternas, no es un rasgo exclusivo de la civilización capitalista. Diversos imperios con base productiva agraria y organización social precapitalista (el antiguo Egipto, el imperio inca, la India o China hasta este siglo) se estructuraron también así. El saber astronómico y matemático que

EL APRENDIZAJE DEL APRENDIZAJE

hace posible la determinación del calendario y los conocimientos hidráulicos necesarios para la práctica agrícola masiva nunca estuvieron al alcance de los campesinos, sino en manos de castas sacerdotales, mandarinatos, etc., que se los reservaban cuidadosamente (los funcionarios chinos desarrollaron un excluyente sistema de escritura cuyo aprendizaje duraba muchos años y que por eso quedaba fuera del alcance de los campesinos).

Está claro que ningún proceso parcial de trabajo es enteramente no intelectual. Los medios de trabajo, incluso los más simples —una rueda, una hoz— son productos de la cultura material de la sociedad, y quien los maneja, aunque no sepa producirlos, introduce en su actividad elementos culturales, intelectuales, disponibles socialmente. Por eso la distinción entre trabajo intelectual y no intelectual ha de verse históricamente y no como una cuestión tajante y absoluta, determinada de una vez para siempre (en realidad, no hay nada «para siempre»). Muchos trabajadores manuales de hoy poseen conocimientos matemáticos y calculísticos que asombrarían a grandes matemáticos del pasado: no por ello dejamos de verles dedicados a tareas no intelectuales, a trabajos subalternos. Sin embargo está de moda suponer, como sabes, que el trabajo de todas las personas será predominantemente no intelectual en pocas generaciones con la introducción generalizada de la informática; hasta hay filósofos-publicitarios que venden bien la ilusión. Pues bien: acércate al banco más próximo y observa si quienes están ante las pantallas de las computadoras realizan un trabajo creador o repetitivo, si te parece ordenante o más bien subalterno.

Las causas de la división del trabajo en intelectual y físico —u ordenante y subalterno— no son carencias técnicas, sino miserias sociales.

Lo característico de esta separación en nuestra sociedad, lo que la diferencia de la existente en el pasado, es que el grado de fragmentación de la división del trabajo y el carácter complejo de la mediación instrumental interpuesta entre las personas y la naturaleza para la realización de la producción han suscitado un corte radical entre los aspectos prácticos y teóricos del proceso productivo. Los dos aspectos corren a cargo de personas enteramente distintas, que no pueden hablar realmente entre sí porque están habituadas a lenguajes diferentes. El momento teórico puro del proceso se ha desgajado de las instituciones encargadas del aspecto material de la producción (empresas) y se ha trasladado en general a otras: los institutos de investigación, universitarios, estatales o de las grandes empresas multinacionales. Ha surgido un momento intermedio entre teoría pura y práctica, que es el de la investigación técnica (llamada hoy redundantemente «tecnológica»); ésta tiene lugar tanto en las empresas (aunque en departamentos especiales, no productivos) como en los centros de investigación. Por último, el proceso material que utiliza los medios técnicos (resultado de investigaciones teóricas) se desarrolla en las empresas.

Entre quienes trabajan cada uno de los momentos —material, técnico, teórico— existe una *comunicación ciega*. Hay comunicación objetiva, real, pues los diferentes aspectos son interdependientes, y nada puede ser interdependiente sin algún tipo de comunicación; pero ésta no es consciente, sino meramente material, como la que hay entre los vasos comunicantes o en una red eléctrica: es sólo el traslado de las informaciones necesarias para producir por producir. Por eso es ciega: los teóricos puros tienden a ignorar los problemas técnicos y por supuesto los materiales; quienes tienen a su cargo el aspecto material del trabajo ven su aspecto teórico, que se les comunica por su incorporación en el utillaje técnico, como algo extraño, indescifrable y a menudo hostil, pues puede ser causa de males —la obsolescencia técnica, o su propio despido si lo solicita la política económica imperante en el sistema— que no pueden dominar, como la enfermedad o las catástrofes.

Poco a poco te has introducido en el mundo de las estructuras objetivas de nuestra sociedad. Aquí, más aún que en el examen de los psiquismos individuales, te será fácil percibir el carácter neurótico, desquiciado, de nuestra cultura, en que las personas —también tú y yo— nos vemos desgarradas por tensiones contradictorias. Aún no hay en el conjunto de los procesos sociales una inteligencia o mecanismo general de ordenación o ajuste racionales. Por eso es violento. Quienes realizan los aspectos materiales de la producción son condición hasta de la existencia de quienes realizan sus aspectos teóricos o técnicos. Pero pueden ser absolutamente ignorantes de éstos, y hasta hostiles a ellos.

Por rudimentarios que sean (si me permites bromear), tienes algunos conocimientos acerca de los procesos de reproducción de los sistemas biológicos. Ahora nos toca pensar en la reproducción de los sistemas sociales: en estructuras que subsisten y se reorganizan aunque las personas se sucedan biológicamente. Subsiste el modo de producir, el estado, las instituciones (familias, empresas), las divisiones del trabajo. Lo cual significa que el conjunto del sistema social ha de reproducirse, esto es: no basta con que se reproduzcan las personas, sino que se reproducen con progresivos ajustes las características e instituciones estructuradoras de la vida en sociedad.

La universidad en la que entras no es una institución meramente educativa, sino también una institución política. No te suministrará sólo conocimientos, sino que te dará un título (lo segundo con más seguridad que lo primero, todo hay que decirlo). Desempeña una función esencial en la *reproducción* del sistema. Reproduce la división social del trabajo al dotar a grupos de personas minoritarios socialmente de las cualificaciones necesarias para la realización de trabajo predominantemente intelectual[5].

Las titulaciones universitarias están protegidas por la fuerza coercitiva del estado. En esto se parecen al derecho de propiedad[6]. Los títulos, que suelen ser considerados como un reconocimiento o certificación pública de un determinado saber, son sobre todo otra cosa: derechos de entrada a profesiones acotadas, reservadas, en las que se realiza trabajo predominantemente intelectual. Por saturado que esté el mercado de trabajo, el de las profesiones tituladas lo está menos, aunque éste no es el principal privilegio de las titulaciones más altas, que consiste en el carácter actual o potencialmente ordenante del trabajo futuro, diferenciado del carácter subalterno del trabajo del común de las gentes.

La función más destacable de los centros de enseñanza e investigación superiores consiste en proveer las condiciones necesarias para satisfacer la continuada exigencia, por parte del aparato productivo, de trabajadores altamente cualificados para la teoría y la técnica.

Es un fenómeno generalizado que el estado tenga a su cargo la enseñanza superior. Habrás oído hablar de universidades privadas: las hay sobre todo en Norteamérica, donde coexisten con las estatales, debido a que en ese país las desgravaciones fiscales con finalidad educativa resultaban muy útiles al empresariado desde hace mucho tiempo; están vinculadas al sistema político de influencias. Y hay también universidades *confesionales*, como centros de irradiación doctrinal y de prestigio ideológico. Pero aunque excepcionalmente existe la universidad privada, la universidad lucrativa en sentido mercantil apenas existe; desde el punto de vista del lucro la enseñanza superior es casi inexistente[7].

---

5. Para ampliar el tema puedes leer «La universidad y la división del trabajo», de M. Sacristán Luzón, en su libro *Intervenciones políticas*, Icaria, Barcelona, 1985.
6. En España esta protección tiene rango constitucional desde 1978. *Vid.* el art. 36 de la Constitución vigente.
7. Últimamente han aparecido en España centros privados de enseñanza superior; tales centros, sin embargo, con muy pocas excepciones, no imparten el conjunto de las enseñanzas superiores, sino sólo las que únicamente precisan aulas y profesores (Derecho, Empresariales) y no instrumental técnico complicado y costoso. Las «universidades privadas» se guardan muy bien de poner en marcha enseñanzas científico-técnicas avanzadas, de costes altos. Por eso, y por emplear normalmente a profesores cuyos sueldos básicos y cuyas cotizaciones sociales son pagados por el estado porque trabajan a tiempo parcial en centros públicos, pueden ser lucrativos los centros privados: se benefician indirectamente del gasto público. Por otra parte, la finalidad lucrativa de las «universidades» privadas suele quedar en segundo plano: el primero es la reproducción de élites sociales y la reafirmación de ideología coherente con el dominio social.

La razón de la financiación vía impuestos de gran parte de los costos de la enseñanza superior tiene que ver con la función que realiza. Ésta es muy central en la reproducción del sistema, pues asegura las condiciones sociales generales del proceso productivo, al reproducir las formas de trabajo intelectual indispensables para él incluso aunque en sí mismas no sean parte de ese proceso, y también porque este segmento del aparato educativo es necesario para la expansión económica.

La enseñanza superior no ha sido lo único sustraído a la concurrencia capitalista: el correo y en general los núcleos centrales de las comunicaciones, el sistema monetario, los aparatos represivos o de seguridad centrales y otros aspectos que en su momento conocerás han quedado depositados en manos de una institución distinta del mercado —ya sabes que te estoy hablando del estado— aunque hayan sido privados alguna vez. Esa renuncia tradicional a mercantilizar ciertas actividades sirve al interés general del dominio políticosocial (interés que no infrecuentemente se contrapone, por paradójico que parezca, a los intereses particulares de tales o cuales sectores beneficiarios de ese dominio). Sin embargo en nuestro propio tiempo el sistema de enseñanza superior está cambiando. El Banco Mundial dispone que la educación ha de ser organizada en forma de «servicios educativos» que se puedan comprar, esto es: trata de crear un *mercado educativo* sin convertir necesariamente las universidades en empresas.

La tercera revolución industrial ya hacía presagiar cambios muy sustanciales en el conjunto del sistema educativo. Es en centros de enseñanza superior *cambiantes* donde vas a realizar tu aprendizaje. Como en toda situación de cambio, los problemas de organización pesarán acentuadamente sobre la enseñanza, creando desorientación e incluso desánimo entre los propios docentes. Para ti, se trata de saber hacer frente a esta situación, por lo que es necesario espabilar lo más rápida y completamente posible.

Las relaciones entre las instituciones de educación superior y las productivas nunca han sido muy directas. Así, las variaciones en la oferta y la demanda de empleo no se traducen necesariamente en variaciones del producto de la educación superior. Por otra parte, los procesos formales de instrucción no dan por sí mismos las cualificaciones específicas que las empresas demandan. En realidad, lo que el sistema productivo necesita, más que personas con formación superior muy determinada, es gente con capacidad para adquirir por sí nuevas y cambiantes aptitudes para el trabajo ordenante. Aunque por pura pereza mental se tiende a establecer una correlación entre el crecimiento económico-productivo del siglo XX y la extensión de la educación superior, de hecho tal correlación no prueba que lo primero haya sido causa directa de lo segundo y descuida ciertos factores, que tienen que ver, unos, con las aspiraciones de las personas más que con las demandas del mercado de trabajo y, otros, con necesidades de legitimación política, que complican el asunto.

El sistema de filtros que tiende a limitar la instrucción superior a las capas o sectores sociales *identificados* con el sistema económico-político dominante, a hacer relativamente *selectiva* la enseñanza superior (sobre todo la de alta calidad) es fácil de entender en términos generales (que admiten excepciones, pues como sabes el expansivo orden capitalista exige cierta movilidad social, a diferencia de sistemas como el feudal o el esclavista, que al carecer de elasticidad económica eran fijistas socialmente).

Las personas pertenecientes a las capas no hegemónicas de la sociedad tienen que superar dificultades de dos tipos para el acceso a la enseñanza superior.

Las unas son de tipo cultural. Quienes pertenecen a esas capas, aun cuando estén bien integrados en su propia subcultura, se hallan escasamente dotados de los bienes característicos de la cultura dominante. Desde el habla —un lenguaje familiar limitado, aprendido en la subalternidad, en el que la abstracción es inhabitual y a menudo con dificultades de expresión escrita— hasta los libros, nada es rico en la casa del que no es rico. Faltan también otros bienes propios de la cultura a la que pertenece la educación superior: ciertos valores, como la competitividad feroz exigida, la comprensión y aceptación del bien real de la instrucción, o las condiciones de vida familiar (una habitación silenciosa, una biblioteca elemental) que hacen materialmente posible *el trabajo de estudiar*, por no hablar de la habitual ausencia de compensaciones externas para quien lo realiza. La falta de desarrollo *fluido* de destrezas intelectuales básicas —el habla, la lectura y la escritura— dificulta la adquisición de dos capacidades culturales igualmente básicas: consciencia histórica y potencia de abstracción.

Por eso desde muy temprano las diferencias sociales son apreciables en el lenguaje de los niños. Tú ya sabes que otros muchachos de tu edad eran pobres de lenguaje hace años, y no sólo ahora, cuando el tuyo te ha permitido superar los ritos de paso a la zona superior del aprendizaje.

Los problemas de escasez cultural que acaso tú no has vivido no son pequeños. En realidad ciertas condiciones sociales (vida urbana, clase media, familia instruida) dan a ciertos jóvenes gran ventaja de salida sobre otros. Los últimos vivirán culpablemente cada insuficiencia en sus estudios porque no saben aún que son tan irresponsables de sus carencias culturales como del color de sus ojos. Hoy está de moda despreciar a los llamados *perdedores*, como si la vida fuera una carrera, una competición; pues bien, si hubiera que representarse mentalmente esa hipotética carrera, resultaría muy especial: unos tomarían la salida cerca de la meta, mientras que otros lo harían a kilómetros de ella. ¿*Perdedores?* Pura ideología[8].

Si se superan estas dificultades quedan aún las del segundo tipo. Las inmediatamente económicas, claro. Éstas se hallan en el *coste* del aprendizaje. Se trata sobre todo de que proseguir el trabajo de estudiar (estudiar *es* trabajo, como lo son las tareas domésticas, aunque no se trate de trabajo asalariado) implica renunciar a un trabajo lucrativo, a un salario que puede ser necesario para la economía del grupo familiar o representarse así en la consciencia sentimental y moral del potencial estudiante.

La renuncia a proseguir el viaje que has emprendido tú (¡maldita sea la entrometida metáfora del viaje!) encuentra motivos suficientes, bien lo sabes, en las circunstancias del medio, en ese agregado social básico que son las familias, sin necesidad de la intervención de filtros especiales. Los problemas de una familia son diferentemente soportables si hay o no escasez. Por eso el sistema de becas actúa epidérmicamente, sin resolver la cuestión de las diferencias de fondo y aportando a lo sumo una levísima modificación del nivel en que se sitúa la línea divisoria, como salario familiar indirecto[9].

Las pruebas, exámenes, etc. no tenían en principio una función de filtro sino otra, técnico-educativa, de homogeneización de niveles medios —por otra parte muy discutible—; sin embargo son ocasión de que se manifieste la eficacia del filtro social, y pueden ser utilizadas políticamente para esto.

Podemos abordar ahora una nueva cuestión. La masificación de las instituciones educativas en condiciones de crisis económica ha determinado una crisis específica de ellas, que percibirás muy agudamente en la universidad.

La masificación de la enseñanza superior está determinada en España —aunque el caso español es sólo un caso particular— por la sucesión brusca de dos períodos económicos muy distintos: el del crecimiento económico que alcanzó su punto culminante en los años setenta del pasado siglo y el del ciclo de políticas neoliberales

---

8. Esa ideología está asociada a la ética calvinista que ha presidido históricamente la cultura norteamericana. En esa sociedad se ha dado por supuesto que el *éxito* económico es una señal divina de que se está entre los predestinados a los cielos. El asunto fue establecido por uno de los grandes maestros de la sociología, Max Weber, en un libro clásico: *La ética protestante y el espíritu del capitalismo*, del que hay varias ediciones en castellano.

9. Los datos que actualmente se manejan en España no permiten conclusiones claras. Se dice que el porcentaje de quienes no superan cada uno de los niveles de la enseñanza pre-universitaria (excluída la pre-escolar) es del 30% del total. Falta saber en qué porcentaje los que superan un nivel de enseñanza abordan el nivel siguiente.

iniciado en la década siguiente[10]. El neoliberalismo, económicamente caducado ya a partir de 2008, tratará de resurgir, aunque está por ver si tiene éxito o se entra en una etapa de regulación económica y de la vida social. Pero en cualquier caso los proyectos educativos neoliberales todavía tratarán de imponer su sello en estos años en que te corresponderá trabajar en el seno de las instituciones de educación superior.

El período de crecimiento económico exigió la generalización de la primera fase de la enseñanza secundaria y una ampliación notable del número de quienes accedían a su segunda fase. El proceso productivo ya no podía nutrirse de masas de personas meramente alfabetizadas. Al propio tiempo, la elevación de los niveles de renta familiares extendía la demanda de formación universitaria a sectores sociales hasta entonces sin acceso a la enseñanza superior. Ésta se hizo económicamente posible para muchas personas que la valoraban como el principal bien duradero de que dotar a sus hijos.

El período neoliberal no ha hecho caer ni mucho menos tan significativamente la demanda de enseñanza superior como lo elevó el de crecimiento: la ausencia de oferta de empleo convierte el no remunerado trabajo de estudiar en el más asequible para los jóvenes de las llamadas clases medias. Las instituciones educativas empiezan a desempeñar nuevas funciones sociales: la de aparcamiento de lujo, como ha dicho algún sociólogo, o válvula de seguridad del sistema sociopolítico, en una fase de tensiones larvadas en la vida en común.

Durante el período de crecimiento el estado hizo frente a la demanda social mediante una ampliación cuantitativa del parque educativo. Se construyeron nuevas universidades, facultades y escuelas y fue reclutado un ejército de profesores[11].

El desbordamiento de toda previsión en esa fase por una demanda de instrucción en rápido aumento determinó que el tipo de crecimiento que el estado aceptó financiar condujera a un deterioro inevitable de esas instituciones. Pues las nuevas universidades, facultades y escuelas fueron sobre todo aularios: no instalaciones educativas completas, esto es, con bibliotecas nutridas, laboratorios, salas de seminario, salas de reunión, lugares de encuentro, salas de estudio y gabinetes de trabajo para el profesorado, por no hablar de

---

10. Se puede hablar de «ciclo de crisis» o de «onda larga de crisis económica», en cuyo interior hay fases de expansión y fases recesivas. De cualquier modo, el período crítico iniciado en los años ochenta, con la tercera revolución industrial y la globalización, se ha cerrado con el crack de 2008. La crisis exigirá una compleja adaptación social a la nueva situación, especialmente en lo que se refiere a la relación entre las personas, el trabajo y el medio ambiente.
11. Para hacerse una idea de este crecimiento: en Cataluña, hasta finales de los años cincuenta del pasado siglo, un único edificio pudo albergar a la totalidad de los estudiantes universitarios salvo los de ingeniería, medicina y farmacia.

otros servicios complementarios. El aprovechamiento de los aularios existentes se intensificó al máximo, organizándose varios turnos de clases, lo que atestó *todas* las instalaciones e implicó la imposibilidad de practicar cualquier actividad docente que no fuera la llamada «lección magistral», esto es, el monólogo impartido a centenares de alumnos a la vez. El nuevo profesorado, reclutado en una época en que los graduados encontraban con facilidad buenos empleos en el ámbito productivo, fue lanzado a una labor frenética de repetición de clases priorizada sobre su formación e investigación personales. Durante años la inseguridad en el empleo y la subvaloración salarial crearon un ambiente conflictivo en la universidad, agravado por las dificultades de gobernar una institución habituada a procedimientos elitistas de participación (o que aspiraba a ellos). En esos conflictos fueron manipulados —no una sola vez— los estudiantes, ante cuyos ojos se extendía y agrisaba la degradación de la enseñanza.

Finalmente quedó claro que la función real de la enseñanza universitaria, más que producir instrucción superior, había pasado a consistir en expender títulos masivamente, y en servir de lugar de estacionamiento para el sector del ejército laboral procedente de las capas medias urbanas y de la aristocracia obrera. Los poderes públicos intentaron entonces recuperar el control de la situación mediante políticas reestratificadoras.

Estas políticas tratan de establecer vallados *selectivos* dondequiera que se consienta su implantación. De un lado se acepta la aparición de centros de enseñanzas superiores privados o la privatización práctica de algunos centros públicos para quienes buscan evitar a sus retoños la contaminación plebeya. Surgen así carísimos centros de élite social, que sin embargo resultan marginales desde el punto de vista educativo (no desde otros, por la red de relaciones entre personas de las capas socialmente hegemónicas que se afianzan en ellos). Más importantes son las políticas de implantación de dificultades de acceso, aunque tal vez sean coyunturales. La estrategia de fondo va encaminada a establecer una estratificación de las titulaciones y su diversificación[12]. En Europa, el llamado «proceso de Bolonia» establece precisamente una profunda re-estratificación de las titulaciones: las licenciaturas se de-

---

12. En España los nuevos planes de estudio —de los que serás (y no hay otra palabra más adecuada) víctima— tienden a dificultar o imposibilitar que el estudio se simultanee con el trabajo mediante nuevas normas de «asistencia», de «permanencia» (que obligan a finalizar la licenciatura en períodos de tiempo cortos), con un aumento disparatado del número de materias que hay que cursar cada año, etc. Por supuesto, en estas condiciones no se puede trabajar y estudiar. Y simultanear dos licenciaturas es normalmente imposible: para conseguirlo hay que estudiar en algún centro de élite privado o en el extranjero.

El carácter agudamente reaccionario de estas políticas y su incoherencia con las características que va adquiriendo el mercado de trabajo en la tercera revolución industrial es manifiesto.

gradan convirtiéndose en «grados» (valga la redundancia) más cortos, con menos contenido de formación; y se establece un sistema carísimo de «másters» y «doctorados» para quienes puedan pagárselos.

La estratificación de las titulaciones busca varias consecuencias: limitar el tiempo de estacionamiento y reducir así la porción de los costes de la enseñanza pagados vía impuestos; reestratificar socialmente las profesiones y poner la base de la diversificación de las titulaciones. Ésta, a su vez, se propone acotar ciertos sectores del mercado de trabajo de acceso libre hasta el presente. En conjunto se trata de desviar, con bajos costos económicos y de tiempo de aprendizaje, a una parte substancial de los demandantes de instrucción superior hacia ocupaciones productivas semisubalternas acotadas, con fuerte compartimentación, de modo que se creen sectores del mercado de trabajo más fácilmente administrables. Y se trata también de devolver al segmento más elevado de la educación superior la función que siempre tuvo de *reproducción de élites*.

Esta política no puede, obviamente, superar la tensión contradictoria entre un mercado de trabajo en regresión y la demanda de instrucción que la propia regresión crea, aunque facilita, eso sí, administrar a las personas, restringir su autonomía.

Seguramente tu paso por la universidad coincidirá con el intento de implantar esta política, y es probable que lo que de ella te afecte más de cerca sean las modificaciones y los cambios de los planes de estudios y de las titulaciones[13].

De modo que ésta es la universidad que va a decepcionarte a poca sensibilidad que tengas. Además, cuando te adentres en ella te preguntarás si obtienes realmente con tu trabajo alguna capacitación profesional. Si te da algo. Y también, hundido en la vida académica diaria, *si hay otra manera de estudiar y de hacer*.

La respuesta a la primera pregunta —si se obtiene realmente algo— es afirmativa, pero más terrible de lo que imaginas. La decepción, por supuesto, es inevitable; ahora bien: si la institución universitaria es lo que es, contando con bastantes profesores competentes y desinteresados y muchos jóvenes que desean sobre todo aprender, imagina cómo serán otros lugares de trabajo: cómo serán los bancos, las grandes empresas, los bufetes, las instituciones cuyo objetivo es exclusivamente el lucro o aquellas que tratan de conservar la sociedad tal como es. La decepción no ha de impedirte pensar, y es un error contaminar el pensamiento de emociones.

13. Si te interesan estas cuestiones puedes recurrir al excelente libro de B. Sousa Santos *La universidad en el siglo XXI. Para una reforma democrática y emancipadora de la universidad*, accesible en Internet (http://firgoa.usc.es/drupal/files/Libro_Universidad_SigloXXI_Mexico.pdf).

Pues a pesar de todo la institución hará *en ti* cierto trabajo. Advertirás que experimentas curiosidades insólitas: aspectos del mundo social y conceptual que ignorabas desfilarán ante ti, y otros, conocidos y como lisos, cobrarán relieve iluminados por luces distintas. Estas luces serán los *puntos de vista* nuevos que vas a construir o que verás en otros. En pocos meses, cuando comiences a hacerte con las dimensiones de este nivel de estudio, empezarás a trabajar de verdad. Tu lenguaje —es decir, tu pensamiento— se enriquecerá. Conocerás a otras personas que viven de manera distinta lo mismo que vives tú. Algunas de las que tratabas antes te sorprenderán: verás que no te entienden o, lo que es más molesto, que te escuchan en silencio (porque tú también les sorprendes: están aprendiendo de ti aunque no lo confiesen). Eres el beneficiario de bienes culturales que sólo se distribuyen a una minoría de la sociedad. Tú verás qué haces con ellos; la mayoría los considera cualidades naturales suyas, como natural consideraba su rango María Antonieta (antes de que la guillotinaran, claro es). La gente empezará a tratarte como a un estudiante de universidad: con cierta envidia —la flor en el culo—; con respeto: tu lenguaje te integra en la jerarquía social.

Si la universidad en que entras te decepciona, como ocurrirá si eres una persona que piensa con claridad y por sí misma, toma nota de que por debajo del gris ambiente dominante suele haber una *universidad dentro de la universidad*. Está constituida por estudiantes que no se conforman y tratan de aprender realmente, por algunos profesores que están dispuestos a enseñar a aprender y a contarte tanto lo que saben como qué no saben, por actividades de naturaleza cultural que no siempre aparecen en los programas oficiales de estudio. Esa *universidad interior* cuenta también con las bibliotecas donde cada uno trabaja en solitario; con compañeros con los que se trabaja *realmente* en común. Lo mejor que puedo aconsejarte, ahora que empiezas, es que recuerdes siempre que *trabajas para ti mismo* (no para satisfacer a tu familia o a tus profesores), y también que busques esa universidad *escondida* y que formes en seguida parte de ella.

LAS CLASES

Supones que una parte fundamental de tu aprendizaje vas a realizarlo en las clases. Que tu primera obligación como trabajador consiste en ir a clase. Pues bien: este punto no está del todo claro, como se empieza a comprobar pasado el primer trimestre de asistencia a la Facultad. Advertirás que muchos estudiantes no van a clase, y que no todos los que no van a clase son precisamente «malos estudiantes» (gente tan atolondrada respecto de la tarea de aprender que no atina a emprenderla), así como que muchos de los estudiantes que asisten sistemáticamente a clase no parecen haber aprendido gran cosa, son también «malos estudiantes» aunque su atolondramiento consista en aprender poco y mal.

Las líneas que siguen están dedicadas a aclarar las razones de esta paradoja y a aportar algunos criterios para decidir a qué clase de clases merece la pena asistir.

Los cursos regulares de las distintas disciplinas están organizados como una sucesión de «clases magistrales». La expresión refleja el supuesto (que raramente responde a la verdad) de que quien las dicta es un verdadero maestro en su especialidad que no ha puesto por escrito el saber que publica verbalmente. Su origen histórico como instrumento pedagógico es remoto. En las universidades antiguas como la de Salamanca se daban clases así, de unos tres cuartos de hora de duración. No podían ser interrumpidas, aunque a la salida del aula los oyentes rodeaban a veces al enseñante en solicitud de aclaraciones. Incluso estaba prohibido y multado tomar nota de las conferencias, consistentes no infrecuentemente en comentarios a un texto leído previamente por el ayudante *lector*, aunque algunos maestros (Francisco de Vitoria, por ejemplo) pagaban de su bolsa las multas impuestas a sus oyentes que pese a todo «tomaban notas».

Las cosas cambian si, como hoy, los libros no son una rareza, el profesor un trabajador intelectual más o menos corriente y es posible tomar apuntes e incluso grabaciones de las clases. Pero el *procedimiento* de enseñanza es el mismo: un monólogo de unos tres cuartos de hora de duración (a menudo no cerrado en sí mismo sino con prolongación en una o varias clases posteriores), impartido a centenares de personas a la vez, ininterrumpido salvo excepcionalmente (lo que no lo vuelve dialógico dado el número de asistentes), seguido en ocasiones, al acabar la clase, de aclaraciones y consultas por parte de alumnos interesados y peloteo de los que quieren hacerse ver.

El tipo de *contenido* que los distintos profesores dan a sus clases es muy variable. Por decirlo pronto y rápido, puedes encontrar desde la investigación original aún no puesta por escrito hasta la exégesis o incluso la lectura disimulada de algún manual, o cosas peores. En medio hay toda una gama de posibilidades.

La más clarificadora de las clasificaciones que conozco de las clases de la Facultad de Derecho es la que da Lorenzo Martín Retortillo[13], y que yo interpretaré por mi cuenta. Así, hay clases que sirven para aprender, clases que sirven para aprobar y clases que no sirven ni para aprender ni para aprobar.

¿Cómo son las clases que sirven para aprender? Son muy fáciles de reconocer: en ellas uno aprende algo. Cabe la posibilidad de que hayas asistido a alguna y por tanto puedas juzgar por ti mismo. En principio, aunque sólo en principio, conviene asistir a las clases que sirven para aprender.

Sin embargo sería una ingenuidad quedarse en esto. Puede ocurrir muy bien que la clase le sirva a uno, que no sabe nada de una materia, para aprender algo de esa materia. Pero acaso no aprenda porque la clase sea una buena clase, sino sencillamente porque no sabe. Y tal vez aprendiera mejor, o más rápidamente, iniciando su aprendizaje en un buen manual. En realidad no se puede decir que una clase sirve para aprender si no proporciona algo que no se encuentra en los manuales. De modo que no conviene precipitarse al clasificar la enseñanza.

En otras ocasiones la situación es distinta: la clase sirve para aprender, pero lo que se aprende en ella no es exactamente los rudimentos de la materia que le da título. Éstas suelen ser las clases intelectualmente más interesantes y estimulantes; en mi opinión, si uno tiene la fortuna de encontrar clases así no debe dejarlas escapar, pero en cambio comete un error si las tiene por el principal y acaso único

---

13. L. Martín Retortillo, «Discurso de Apertura», en *El Via Crucis de las libertades públicas y otros ensayos rescatados,* Cuadernos para el Diálogo, Madrid, 1976, pp. 95-107.

medio de su aprendizaje: para aprender de verdad una materia es necesario trabajar sus elementos básicos al margen de la clase, en los libros y en los demás medios que luego se verán.

Pasemos a las clases que sirven para aprobar, pues crean un problema especial. A veces sucede que el profesor es aburrido, o sencillamente malo, y los inscritos en su disciplina no gustan de acudir a sus clases. O bien se trata de un no infrecuente maníaco que tiene *posiciones personales* sobre asuntos que *a él* le parecen muy importantes. Se recurre entonces al expediente de preguntar en los exámenes sobre cuestiones que *sólo* se encuentran tratadas en las clases y no en la bibliografía recomendada. O, sencillamente, el profesor tiende a suspender a quien no va a clase y a aprobar a los que van. Éstas son las clases que no sirven para aprender pero sirven para aprobar.

Como conviene aprobar, estas clases plantean un problema especial. Sólo hay que frecuentarlas lo indispensable. Ponerse de acuerdo con compañeros para mantener un turno de asistencia es casi siempre la mejor solución. Pragmáticamente, si el profesor tiene una *posición* personal, lo más sencillo es tratar de entenderla en seguida para utilizarla en los exámenes (con mayor o menor hipocresía). Si sólo hay que dejarse ver de vez en cuando lo sensato es no insistir demasiado y escapar al tedio leyendo algo interesante en las últimas filas.

Es preciso evitar cuidadosamente las clases que no sirven para aprender ni para aprobar. Suele darlas gentes tan indulgentes consigo mismas como con los demás. Lo cual no significa que la existencia de estas clases no plantee ningún problema, pues sobre todo éstas, pero también las anteriores, ocupan el tiempo de clases en las que potencialmente se podría aprender. En mi opinión es necesario criticarlas públicamente para combatirlas. Y en ese combate siempre se encuentra uno con dos flancos débiles: de una parte, el triste sector de los propios compañeros que prefiere que las cosas sigan como están; de otra, las autoridades académicas, divididas entre el deseo de que la enseñanza sea buena y no les cause problemas y el de evitar encontronazos con los profesores, por no hablar de su desconfianza hacia los estudiantes. Pero respecto de estas clases no hay que cruzarse de brazos y por lo menos crear apostólicamente un estado de opinión.

De acuerdo con los criterios anteriores se puede dejar de asistir a bastantes clases y ganar tiempo para aprender por otros medios. Pero en el *gusto* personal por asistir a unas u otras clases entran también ingredientes distintos. Hay clases divertidas, entretenidas, en las que no se aprende gran cosa pero a las que no cuesta ir. En mi opinión no hay que hacerse demasiadas concesiones. Están también las clases mazacote, verdaderos ladrillos verbales, en las que sin embargo se aprende aunque a costa de jaquecas. En estos casos, asegurándose de que esa apreciación no es meramente subjetiva, conviene reconvenir amigablemente al profesor (generalmente ansioso de enseñar todo lo que pueda). Entre los motivos para ir a alguna clase están también los sociales: van a ella personas a las que se quiere tratar y con las que se quiere conversar. Esto merece comentario separado, pues tus compañeros son tus coeducadores, pero constituirlos en la motivación decisiva para asistir a clase revela una mala organización del aprendizaje: es mejor reunirse con esas personas en formas y lugares más adecuados para ello.

Podría hablarse también de las clases interesantes sobre materias secundarias y de las clases no interesantes de materias centrales, que componen el núcleo del saber jurídico. Lo segundo remite al problema de cómo aprender cuando las clases no enseñan, que se examinará por separado. Lo primero —que te interesen clases sobre materias consideradas secundarias— puede ser indicio de dos asuntos distintos. Uno, que en ellas empieces a descubrir lo que te interesa *a ti*, lo cual no tiene por qué coincidir en absoluto con lo que interesa a otras personas, y que es de capital importancia para tu aprendizaje: hallar tus propios y personales intereses entre la multitud de informaciones nuevas que recibes es dar un paso importantísimo del que no dejaré de hablarte. Pero también puede ser indicio de algo distinto: simplemente, que el profesor tiene algo que decir, y en este caso merece la pena no perderse semejante excentricidad. Nunca hay que abandonar las clases interesantes de verdad, aunque se den por el procedimiento de la «lección magistral».

MODOS DE APRENDIZAJE

Adentrarse en la enseñanza superior suscita cierta inquietud. Se abandona territorio conocido y se aguarda con impaciencia las primeras experiencias en lo nuevo, pues servirán para tantearlo. La confianza en superar las dificultades siguientes, puesto que quedaron atrás las anteriores, ayuda un poco, aunque no permite discernir los obstáculos que ahora se van a presentar.

Estas situaciones de incomodidad subjetiva mayor o menor, pero en cualquier caso vividas también por los demás, revelan la existencia de un problema. Éste no consiste principalmente en un cambio de medio (cambio de compañeros, de profesorado, de centro, de materias a aprender, de modos de enseñanza, de evaluaciones y un montón de cosas más). Aunque los cambios son muchos y muy visibles, no resulta demasiado complicado hacerse al medio. En poco tiempo, y superada alguna que otra prueba, el problema *parece* resuelto.

La aparatosidad del cambio de medio oculta la principal dificultad, que consiste en un cambio del modo de aprendizaje[14].

Hasta aquí he usado la palabra «aprendizaje» de un modo intuitivo. Merece la pena reflexionar sobre su significado partiendo de la experiencia de aprender. Intento mostrar que hay diferentes modos de hacerlo. Y de momento se va a excluir del campo de análisis el aprender mejor o peor, limitando el tema a aprender o no

---

14. Los reformadores ilustrados que concibieron la universidad moderna eran plenamente conscientes de este cambio, y atribuían a las instituciones universitarias la función de «enlazar la enseñanza escolar ya terminada con el estudio inicial bajo la propia dirección del estudiante o, por mejor decir, en efectuar el tránsito de una forma a otra» (W. v. Humboldt, *Sobre la organización interna y externa de los establecimientos científicos superiores en Berlín*, 1810).

aprender. Por ejemplo: es probable que en la enseñanza media se haya aprendido un idioma distinto del materno; se conocerá mejor o peor, pero de ese idioma algo se ha aprendido; en cambio, no es probable que un bachiller haya aprendido el alfabeto cirílico: sencillamente no lo conoce, no lo ha aprendido.

Aprender no guarda una relación muy estricta con enseñar, como bien sabes. Hay gentes para quienes se han realizado operaciones de enseñanza tanto como para ti y sin embargo no han aprendido lo que tú porque no han realizado las correspondientes operaciones de aprendizaje. Además, seguramente dirías que mucho de lo que has aprendido no te lo ha enseñado nadie, y en buena medida eso es cierto.

Hay diferencias en el aprendizaje que a primera vista parecen depender de la naturaleza de lo que se aprende. Hemos aprendido a andar, a nadar o ir en bicicleta, a sumar, a leer o geografía. Probablemente no recuerdes cómo aprendiste a andar, pero sí a ir en bicicleta o acaso a patinar. Comparemos este último aprendizaje con el de la lectura: a ir en bici parece aprender uno mismo, principalmente uno mismo, porque las indicaciones de los demás no sirven de mucho, mientras que la lectura casi siempre se tiene que enseñar: se aprende por medio de enseñanzas. Sin duda hay elementos de actividad del sujeto que aprende en los dos supuestos: en el de la bicicleta esa actividad procede de su volición, de su voluntad de aprender, mientras que no siempre ocurre así en la lectura o en la geografía: en este caso la actividad de enseñar suscita estímulos sensoriales e intelectuales en el sujeto y aunque éste no tenga deseo de aprender acaba haciéndolo.

¿Cómo se aprende a nadar? (Soy un pesado imperdonable, lo sé; pero quien está con el agua al cuello eres tú, lector/lectora.) Le pueden enseñar a uno por pasos: a perder el miedo al agua, a hundirse sin tragarla, a flotar, a mover rítmicamente brazos y piernas: finalmente se aprende a nadar. Pero también se puede, no sin cierto riesgo, aprender por *shock*: cuando alguien se coloca en una situación tal que o aprende a nadar o se ahoga, a veces aprende y sobrevive.

El *aprendizaje por shock* es menos infrecuente de lo que parece: muchos elementos de nuestro saber a qué atenernos los hemos aprendido así. Algunos métodos cavernícolas de enseñanza, por otra parte, incluyen someter al discípulo a un *shock*. La violencia en la enseñanza está en parte ligada a estos métodos, que sustituyen el trabajo del enseñante de producir estímulos intelectuales por voluntad de aprender del discípulo derivada de la necesidad de escapar al peligro.

Dejemos, por el momento, el aprendizaje por *shock*; hay que recordar ahora la experiencia del aprendizaje en la enseñanza media (haciendo abstracción de ese elemento si ha existido).

El aprendizaje en la enseñanza media no resulta excesivamente complicado, sobre todo si la actividad de los enseñantes no es mala (pero suele serlo cuando éstos no dominan la materia que les hacen enseñar). Los aspectos que interesa destacar de la enseñanza de disciplinas que hemos conocido en la etapa intermedia de la educación son fundamentalmente su carácter gradual y repetitivo.

El carácter gradual tiene que ver con el hecho de que la transmisión de conocimientos se organiza por pasos. Cursos sucesivos sobre una materia presentan niveles de complicación mayor, y presuponen los anteriores. La enseñanza está basada en la repetición: se explica en clase, se estudia lo explicado en los textos, se escucha a compañeros repetir de nuevo esos contenidos, operación que suele reiterarse, y se solventan problemas prácticos en función de lo enseñado si hay ocasión; finalmente, se repasa, es decir, se repiten todos o algunos de los elementos del ciclo descrito.

Estos rasgos de la gradualidad y la repetición hacen posible el aprendizaje con una condición previa: que la materia pueda transmitirse completa, esto es, que se trate de algo fijo, estable, conocido por quien enseña y enteramente trasladable a quien aprende. En el fondo, el propósito de la enseñanza media es transmitir sin pérdida unos conocimientos que permiten enfrentarse a situaciones conocidas mediante procedimientos también conocidos. El aprendizaje que por lo común se realiza en ella es lo que se ha llamado *aprendizaje de mantenimiento*.

El aprendizaje de mantenimiento posibilita que el sujeto se enfrente a situaciones problemáticas tanto prácticas como cognitivas cuyos rasgos fundamentales se suponen no mudables, y obtenga en ellas resultados ya probados.

El concepto de «aprendizaje de mantenimiento» nos será útil. Conservar y transmitir el saber conseguido por la humanidad no es poco[15]. Y aunque lo damos por descontado, en la historia de nuestra especie no siempre se ha logrado. Las crisis de civilización (incluso de las civilizaciones más extensas y de amplia localización espacial) han acabado a veces catastróficamente, con pérdida importante de saber. Así ocurrió al deshacerse el Imperio Romano, de cuya cultura quedaron restos sin que la gente de lo que hoy llamamos Europa supiera cómo se habían logrado. El deterioro catastrófico de las condiciones de (al menos) alimentación, sanidad, higiene y seguridad duró siglos. En nuestra vida cotidiana confiamos en el mantenimiento de las condiciones normales para muchas de nuestras actividades, que quedan duramente trastocadas por asuntos tan nimios como un breve corte del suministro de agua o de electricidad. Mantener, trans-

---

15. Cualquier estudiante de enseñanza media aprende en poco rato, y comprende, gracias al aprendizaje de mantenimiento, algo «contrario» a la experiencia —que la Tierra gira en torno al Sol y no al revés— que a la humanidad le costó siglos descubrir.

mitir sin deterioro, es por tanto mucho. El aprendizaje de mantenimiento es básico.

Cabe la posibilidad de que desconfíes de *la enseñanza* que recibiste en tus estudios medios. Desconfía también de lo aprendido. Además de datos de hecho y saber científico (revisable, por tanto), los estudios medios transmiten valores, juicios de valor, a través de los enseñantes y sobre todo de los compañeros y compañeras de tu edad. Esos valores son los dominantes en tu medio y en nuestra cultura, y no creo equivocarme al calificarlos de esencialmente conformistas. Con los valores la enseñanza media inculca paradigmas o modelos de actitud ante el mundo. Por supuesto, «modelos» se usa aquí en el sentido de «ejemplos propuestos»; como tales, pueden ser aceptables o recusables; y no viene mal recordar que nada grande se ha conseguido sin aventurarse al margen del modelo propuesto.

La organización «analítica» del aprendizaje en las enseñanzas medias, tal como la has conocido, no es la única posible. En realidad también se podría enseñar sintéticamente de una manera gradual con una única asignatura: la historia. La historia de cuantas disciplinas se nos han transmitido «analíticamente» o, más exactamente, su interrelación histórica. Una enseñanza organizada así sería muy distinta de la que conocemos aunque no menos rica en contenidos, los cuales en realidad ganarían en intercomunicación. Las conquistas teóricas han sido estimuladas por problemas prácticos, y éstos planteados por modos históricos de vivir. Así, en el caso de Newton, el problema de la determinación de las posiciones estelares, exigida por la inseguridad de la navegación mercantil transoceánica, le llevó al cálculo infinitesimal —por supuesto, éstos no son los únicos elementos que condujeron a sus descubrimientos físicos y matemáticos—; o, en otro sentido: en la Grecia clásica se conoció la fuerza del vapor, pero a la clase dominante griega no se le ocurrió aplicarla a sus telares movidos por esclavos[16]. Organizada la enseñanza media en forma de inmersiones históricas más o menos prolongadas en distintas épocas cambiaría el modo de aprender, y quizá entendiéramos mejor el normalmente desapercibido valor de ciertos éxitos de nuestra especie. ¿Has intentado alguna vez multiplicar con cifras romanas? Esa hipotética organización de la enseñanza probablemente facilitaría también una comprensión realmente histórica de los idea-

---

16. Aristóteles enseñaba que además de esclavos convencionales o accidentales (por ejemplo, los griegos que caían prisioneros) hay hombres que *por naturaleza*, por la naturaleza de las cosas, han de ser esclavos de otros. No creía que el mundo social pudiera funcionar de otro modo: «Si las lanzaderas tejieran solas y los plectros tocaran solos la cítara, los maestros no necesitarían ayudantes ni esclavos los amos» (*Política*, 1253 b).

les y valores sostenidos por diversos grupos sociales. El mantenimiento de saberes que se nos presentan como cerrados nos impide captar el detalle y el alcance práctico de *la innovación*.

Al aprendizaje de mero mantenimiento cabe contraponer lo que se ha llamado *aprendizaje innovador*. Éste consiste en aprender a afrontar problemas y situaciones distintos de los conocidos por los enseñantes, y a hallarles soluciones inéditas; y, secundariamente, consiste en solventar problemas conocidos con soluciones mejores que las dadas.

El aprendizaje innovador no puede ser *enseñado* directamente: quienes enseñan no conocen los problemas o las situaciones que habrán de afrontar quienes aprenden. En el mejor de los casos —y hay que subrayar que *en el mejor*— a lo sumo los barruntan, esto es: mediante operaciones de abstracción realizadas sobre lo que conocen, y extrapolando tendencias percibidas en la realidad, suponen o imaginan situaciones y problemas futuros; pero incluso cuando esto se hace con la más cautelosa base científica sólo se puede obtener una conceptuación abstracta, esto es, necesariamente carente de algunos de los rasgos que adquirirá el objeto, problema o situación real, rasgos que serán decisivos a la hora de considerar su tratamiento.

Y aunque enseñar directamente a innovar no es fácil —seguramente imposible para quien poco innova—, no hay duda de que se puede aprender a hacerlo. Muchos de nosotros ya no estamos mentalmente en el paleolítico. Conviene aprender a innovar. De otro modo, ante una situación imprevista o ante un problema nuevo no habrá más remedio que aprender por *shock*, con considerable riesgo para el artista.

Volvamos al problema del aprendizaje en la educación superior. Por «superior» hay que entender sólo que no hay otro nivel de enseñanza organizada por encima de ella. Por supuesto, siempre cabe aprender más: hay grados dentro de ese nivel, de licenciado o doctor, relacionados en el fondo con la profesión de la enseñanza superior misma (o próximamente de mero diplomado, aunque esto último ha de verse como mera prolongación de los estudios medios), y también se puede buscar una especialización, ya que la instrucción superior es sólo semiespecializada (se estudia «derecho», «medicina», etc.).

Pues bien: en ese nivel el aprendizaje innovador resulta también un asunto complicado, pues la enseñanza superior no suele ser innovadora. La preocupación principal al respecto del cuerpo de enseñantes se centra en algo remotamente parecido a la innovación, como es la *actualización* del contenido de sus enseñanzas, pero no en la innovación misma.

La actualización de las enseñanzas, es decir, el intento de buena parte del profesorado por incorporarles los resultados significativos de las disciplinas que cultivan, que es una necesidad del hacer científico normal, supone un considerable esfuerzo de estudio y aprendizaje. Pero incorporar a la docencia el *resultado* de la investigación es sólo innovación de lo enseñado; desde el punto de vista de quien aprende es mero mantenimiento. La actividad de los enseñantes puede contribuir sin embargo al aprendizaje innovador si consigue transmitir no únicamente resultados sino la problemática que esos resultados plantean, o, dicho de otra manera, las preguntas para las que no tienen respuesta quienes enseñan.

Así están las cosas. Has de aprender a aprender de una manera distinta. En primer lugar, es básico que asegures el mantenimiento, que te hagas con los resultados obtenidos. Pero has de hacerte también con la problemática que plantean, con lo que se puede preguntar ahora. Esto último, a su vez, tiene consecuencias sobre el aprendizaje de mantenimiento, que ya no puede ser como en la enseñanza media: hay que comprender también los resultados dados en función de la problemática previa.

Que consigas un buen aprendizaje depende fundamentalmente de ti. No va a ser fácil, porque exige el abandono de muchos vicios o torpezas mentales que en muchos casos fomenta la enseñanza media o la miseria intelectual del ambiente. Pero sin duda es posible. Podemos aprender todo lo que necesitamos aprender. Las ciencias son trucos aprendibles.

Para un aprendizaje innovador *son más importantes las preguntas que las respuestas*. De momento puede ser fecundo considerar ciertos temas. Así, conviene dar una importancia especial a lo que no se entiende. Al entrar en una materia hay mucho que no se entiende y sobre lo que sin embargo hay que pasar, pues como nadie puede explicarlo todo a la vez se hace necesario aplazar o suspender el estudio de muchos problemas. «No entender» es característico de la iniciación en algo complejo. Con todo, desde el principio hay asuntos que «no se entienden» de una manera reiterada e insistente (como si pusieran en marcha una remota señal de alarma), que resulta turbadora para nuestras certezas y en cierto modo llama la atención, aunque es fácil confundir este «no entender» con carencia de suficiente información de mantenimiento. Este tipo de cuestiones que se le suscitan a cada uno (pero que no son las mismas para cada uno) es de la mayor importancia. Pues puede tratarse, por una parte, de un problema planteado por una información errónea o mal transmitida, cuya corrección es necesaria para lograr mero aprendizaje de mantenimiento; o bien puede tratarse de un problema verdadero, esconder una de las preguntas para las que no tienen respuesta quienes enseñan, en cuyo caso hay que conservarla celosamente. Y puede tratarse también de una llamada de atención de la *propia* curiosidad, del *propio* interés, curiosidad e interés objetivos, quizá distintos de los que uno *cree o le gustaría* tener, y que no deben suponerse definitivamente fijados por las informaciones de que ya se dispone sino todo lo contrario.

(Atención, pues, a las preguntas, a los problemas. No es fácil sin embargo detectar las cuestiones más importantes, aquellas para las que no tienen respuesta quienes enseñan. Éstos te pueden desconcertar con su creencia de poseerlas y a veces hasta te indicarán con la mejor intención un camino equivocado. Tienes que poner un centinela: has de desdoblarte y, por una parte, aprender; por otra, tienes que *observarte aprender*, examinar las habilidades y curiosidades que adquieres, tomar consciencia de tu sensibilidad intelectual y moral. Y aprender a no mentirte a ti mismo o a ti misma. Así podrás, entre otras cosas, percibir las cuestiones no resueltas.)

Como en la enseñanza media, la superior está organizada según una descomposición analítica del saber, que se presenta en forma de disciplinas separadas. Has de comprender que esta separación no es sólo el resultado de la descomposición de un todo en sus partes, sino que se trata de una separación forzada, llevada más allá de lo razonable, como consecuencia de la compartimentación académica de los saberes y su asignación a gremios académicos y científicos diferenciados. Cierto que casi cada disciplina tiene su propio objeto formal observable desde su punto de vista particular —por «objeto formal» hay que entender el objeto abstracto que resulta de contemplar un objeto real desde la perspectiva específica construida por un saber particular; así, el párrafo que estás leyendo puede ser visto desde las perspectivas de la gramática, la psicología, la retórica, etc.[17]—, pero las condiciones académicas del cultivo de una disciplina tienden a encapsularla en exceso; a cerrarla sobre sí misma por decirlo así[18]. Un aprendizaje innovador no sólo exige contemplar como provisionales y revisables las delimitaciones de cada saber particular, sino que tiene además otras exigencias intelectuales importantes. Mencionaré por lo menos dos, a las que se puede llamar convencionalmente exigencias de historicidad y de interdisciplinariedad.

---

17. Para los conceptos de «objeto formal» y «punto de vista» es recomendable la lectura de las pp. 13-18 de M. Sacristán Luzón, *Introducción a la lógica y al análisis formal*, Ariel, Barcelona, 1964.
18. R. Carnap, uno de los más destacados lógicos simbólicos del ilustrado siglo XX, se encontró por obra de ese encapsulamiento con que en la Facultad de Filosofía no admitían su tesis doctoral arguyendo que trataba de matemáticas y en la Facultad de Ciencias los matemáticos tampoco la admitían arguyendo que trataba de filosofía. En la misma Viena donde poco antes se había rechazado la descripción clínica de la histeria de Freud por incluir historiales de hombres histéricos, arguyéndose que «histeria» viene de υστερα, «matriz», órgano del que carecen los varones.

La exigencia de historicidad facilita realizar un aprendizaje que cobre consciencia de las condiciones de historia intelectual interna y de historia externa de cada objeto formal, perspectiva, teoría, resultado o saber que se trata de aprender. Por «historia intelectual interna» de una disciplina hay que entender la sucesión de las problemáticas que han afrontado sus cultivadores y los resultados obtenidos, mientras que la historia externa vincula la interna con hechos ajenos a ella; así, la relación de Newton con Kepler es un tema de historia interna de la astronomía, mientras que la relación de la problemática astronómica de Newton con la de la navegación transoceánica en su época es un tema de historia externa. Corolario práctico de esta exigencia de historicidad es, para quien aprende, cultivar el conocimiento de la historia, desarrollar su sensibilidad histórica.

La exigencia interdisciplinar conduce la mirada desde el objeto formal de una ciencia al objeto material a partir del cual se ha construido, y de ahí a la contemplación de éste desde la perspectiva de otra u otras disciplinas distintas que lo estudian también. Sin este movimiento el mundo teórico queda extraordinariamente empobrecido y es capaz de producir auténticos monstruos, irrealidades sin sentido. Así, por ejemplo, un jurista que se atuviera a la caracterización iusprivatista del derecho de propiedad (derecho de usar y disponer sin interferencia de las cosas) ignoraría las limitaciones iuspublicistas de ese derecho, durante mucho tiempo irrelevantes pero hoy decisivas; aun así, la consideración meramente jurídica le daría en la práctica un conocimiento alicorto: necesita comprender la funcionalidad económica de las instituciones jurídicas, cambiante históricamente. La exigencia concreta de interdisciplinariedad depende de las dimensiones del problema que nos ocupa en cada caso: así, puede haber una exigencia interdisciplinar «estrecha» (entre derecho público y derecho privado, por ejemplo) o «amplia» (entre derecho, economía, historia, etc.) según la naturaleza de la problemática afrontada.

Estas exigencias del aprendizaje innovador pueden parecer complicadas, o incluso de sentido difícil de captar en el momento en que te introduces en un estudio que inicialmente consiste en recepción de información. No importa. En realidad se refieren al modo de organizar la información recibida y a la búsqueda de información nueva; por ahora bastará con retener indicaciones generales para volver sobre el asunto cuando lo necesites. Tu memoria —un dispositivo nuestro que funciona realmente muy bien— llamará tu atención sobre el asunto. Pero es necesario vencer *el miedo a aprender*, el temor a no ser capaz de hacerlo paralizante del esfuerzo, y saber que *siempre se aprende (más) tarde*, esto es, que el aprendizaje de hoy se integra sólo mañana en el conjunto de capacitaciones disponibles, cuando se convierte en práctico.

Has de tener en cuenta, sobre todo, esto. Que aprender no es recordar. Que siempre se aprende tarde. Que siempre se tarda en aprender.

Que el aprendizaje sea innovador no es sólo cuestión de contenidos, de datos asimilados y relacionados, sino fundamentalmente de sentido crítico y de actitud. En relación con la última, hay que vencer una resistencia puesta por el medio. Éste tiende a fomentar la competitividad, el individualismo, la insolidaridad. Muchas gentes se conducen respecto del saber como si alguien fuera a arrebatarles la comida: procuran no compartir su información, simulan poseer la que no tienen, ocultan sus resultados, presentan como propios los ajenos... Esto es incompatible con la actividad intelectual misma, en la que cada sujeto es altamente interdependiente de los demás, pero viene inducido por un modo competitivo de reproducción social. Aquí se nos manifiesta uno de los rasgos contradictorios, desgarrados, de nuestra civilización. Salvo que la organización social con que te has encontrado en el mundo te entusiasme realmente (en cuyo caso ya deberías haber dejado esta lectura), lo más sensato es abandonar toda pretensión de competitividad en el aprendizaje (incluso la competitividad con uno mismo, que obnubila la sensibilidad intelectual) y sustituirla por la colaboración.

La cooperación con otros —compañeros, no necesariamente del mismo curso; profesores no autoritarios— es difícil dadas las características del medio: está de un lado el riesgo del parasitismo, o sea, de la colaboración unilateral o falsa y, de otro, el riesgo de establecer una falsa división del trabajo de aprender (cuando lo aprendido no se pone realmente en común). Hay que tener por ello un poco de paciencia, pues de lo que en el fondo se trata es de *aprender a cooperar* con otros. Pero el propio trabajo de poner en común lo que se aprende resulta gratamente compensador, pues la multiplicidad de puntos de vista se traduce en seguida en captación de la complejidad y en enriquecimiento de los contenidos de consciencia. El trato con otros nos lleva con frecuencia también a ser humildes —al percibir a menudo que no somos los más hábiles del gallinero—, y la humildad, una vez aceptada, es una actitud que compensa, pues facilita avanzar en el aprendizaje.

El saber ha sido durante mucho tiempo asunto exclusivo de las élites sociales. Al mantenerse la división de los aspectos predominantemente intelectuales y predominantemente no intelectuales del trabajo y asignarse unos y otros a sujetos distintos las cosas no han cambiado sustancialmente en este punto, pero hoy el trabajo intelectual es asunto de grupos sociales más amplios que en el pasado. No obstante, las tradiciones del trabajo intelectual no se han creado en la situación presente, sino que son el resultado de una práctica elitista de muchos siglos. Ello ha dejado una profunda huella antisocial y egoísta en las representaciones que del trabajo intelectual y del trabajo manual se hacen quienes realizan el primero. Podemos encontrarla en la fuerte presencia de una ideología *contemplativa* entre los intelectuales: un «meta-relato» acerca del valor de las distintas actividades humanas en el que las actividades prácticas aparecen como algo inferior, bárbaro, y el saber se presenta como «superior», «puro» y «desinteresado».

Examinar este punto, de importancia crucial porque afecta a los valores morales, exige salvar primero un posible equívoco. Pues también se habla de «pureza» del saber en otro sentido: cuando se afirma, con toda justicia, que la búsqueda de la verdad, y la verdad misma, ha de seguirse sin atender a las consecuencias, esto es, aunque la verdad no guste. Esta exigencia no tiene solamente un aspecto moral: es también puramente intelectual, pues se aprende tanto del error y del fracaso como de la verdad y del descubrimiento. Falsear resultados o negarse a reconocer verdades, además de irrelevante desde el punto de vista científico interno, es moralmente indefendible (salvo que el conjunto de ideologemas al que se conoce con el nombre de «ética de la responsabilidad» tuviera algún contenido positivo, lo que no parece ser el caso[19]).

La actitud *contemplativa*, en realidad despectiva del trabajo y de las condiciones de la vida en sociedad del común de las gentes, es menos infrecuente de lo que suele creerse. Se expresa en afirmaciones como «la cultura ha sido siempre asunto de gente ociosa» que, vaciadas de su contenido histórico, resultan triviales. O en «temas» de estudio académico que sólo son (fuera de esos ambientes) malversación de fondos públicos[20]. O en la insolidaridad práctica con otros

---

19. Por «ética de la responsabilidad» se entiende la que legitima apartarse de un comportamiento exigido por principios o valores éticos comunes en atención a las hipotéticas consecuencias de ese comportamiento. Si se adopta una «ética» así, en realidad se dará la situación siguiente: los comportamientos contra principios serán reales, mientras que las consecuencias de los comportamientos según principios o valores nunca pasarán de ser representaciones intelectuales. Es la «falacia de la responsabilidad»: obviamente, la «ética de la responsabilidad» permite legitimar cualquier comportamiento siempre que se acepte la indeseabilidad y la verosimilitud de un resultado (hipotético por definición) excluido.

20. Manuel Sacristán (en «La viga en el ojo propio»: *mientras tanto*, 20 [oct. 1984]; reproducido en *Pacifismo, ecologismo y política alternativa*, Icaria, Barcelona, 1987) recoge algunos títulos de tesis doctorales en sociología norteamericanas: *Estructuras de amistad entre jóvenes mujeres solteras solas de Nueva York* (Univ. of New York, 1983); *Clubs de fotografía y fotografía artística: distinción entre el arte y la actividad aficionada* (Univ. of Pennsylvania, 1983); *Estudio de una liga de baloncesto de norteamericanos de ascendencia japonesa y de la asimilación de sus miembros en el tronco principal de la sociedad norteamericana* (Oregon State University, 1984); *Investigación fenomenológica de la relación entre el médico y la viuda* (Saint-Louis University, 1983); *El estado de*

EL APRENDIZAJE DEL APRENDIZAJE

de quien quiere ser «muy bueno» en su especialidad. Pero no hay dos mundos: uno de trabajo material y otro de trabajo intelectual, sino uno sólo, en el cual todavía hoy la realización del trabajo material asegura la reproducción social y financia la realización del trabajo intelectual como actividad independiente. Y, en realidad, aparte de las ideas metafísicas que los intelectuales se hacen a veces acerca de su actividad, tampoco hay dos tradiciones problemáticas —una procedente del trabajo material y otra procedente de la historia interna del trabajo intelectual— sino una sola: desde Aristóteles —que dependía fundamentalmente de pescadores (y otros trabajadores) para sus estudios sobre especies zoológicas— hasta los físicos contemporáneos, los desarrollos más especulativos del saber han nacido de problemáticas planteadas por la práctica social compleja.

El aprendizaje innovador exige mirar más allá de la universidad, hacia fuera de ella. Pide sensibilidad hacia los problemas reales, objetivos, que tiene hoy la existencia de las gentes. Problemas en su trabajo, mayormente de naturaleza no intelectual; problemas en sus condiciones de existencia. Un universo de problemas que quizá no traspase los invisibles muros de las instituciones académicas pero que es posible percibir eliminando las anteojeras de comodidad y suficiencia que «naturalizan» una situación de privilegio. La percepción de esos problemas es lo que hace posible evitar su manifestación traumática; cada generación de personas ha de hacer frente a las de *su* propio tiempo.

En el de hoy esta exigencia es la más importante, pues en la actual configuración del mundo son perceptibles tendencias que ponen en cuestión muy rápidamente los mecanismos básicos de esta civilización, la cual, por otra parte, no dispone de ninguna institución adecuada siquiera para organizar el afrontarlos.

ánimo de las esposas de catedráticos jubilados o a punto de jubilarse (Oklahoma State University, 1983); *La satisfacción marital de las esposas de entrenadores de fútbol como función del desgaste, la tensión y el compromiso profesional de sus maridos entrenadores* (Temple University, 1983).

PLIEGO INTERCALADO I

Facultad de Derecho

I
Los abogados

Los abogados otean en el alba las clarinadas de la caballería.
Buitres incómodos, gordas putas togadas, cigüeñas
                       [minuciosas, tortugas cebadas
con anís del mono, los abogados suelen llamarse Arturo y
                                 [Feliciano, y son nada
menos que la cultura del paraguas en el área que domina el
                                       [mazapán que domina
la oropéndola bizca, las versiones japonesas del sol.
Los abogados son el vaivén, no el desarrollo sinfónico.
El resfriado, no la tuberculosis galopante de una dama de las
                                   [Camelias corriendo
desnuda en el centro del invierno siberiano.
La masturbación que se queda en la antítesis, no la
                                   [anormalidad anchurosa.
Poned a un abogado frente a un panal de avispas quitacalzón
                                   [y os hablará de la
fraternidad humana, de los besos bajo los ramitos de acebo.
Regalad a un abogado un libro de Julio Cortázar y tendréis
                                   [una apelación ante la
Corte Suprema de Justicia, un enemigo mortal y al mismo
                                   [tiempo moribundo.
Regalad a un abogado una fotografía pornográfica sueca y
                                   [veréis cómo un ser humano

puede transformarse de inmediato en una maceta de
[begonias.
Ser abogado es lo más riesgoso que hay, desde el punto de
[vista netamente humano.
Quizás sea por eso que ganan tanto dinero.

II

Dicho por un abogado defensor salvadoreño
consciente de la superioridad profesional del
grupo de fiscales

«No importa.
Pues, como dijo el
General Termópilas:
pelearemos a la sombra.»

III

Las leyes fundamentales...

«Todos los países de América
tienen una de las Constituciones
más avanzadas de América.»

IV
Sostenía mi profesor de medicina forense

(Textual)

«En verdad, el hombre merece más ser clasificado como *homo masturbatorix* que como *homo sapiens*. No tanto porque los sabios desgraciadamente no abundan, sino porque todo ser humano se masturba por lo menos una vez en su vida. Entre los varones, del cien por ciento que se masturba, un amplio 98 por ciento lo acepta paladinamente o con alguna dificultad y un moralmente calcumeca 2 por ciento lo niega, mintiendo miserablemente y haciendo caso omiso de las necesidades estadísticas. Entre las mujeres, el 98 por ciento lo niega y solamente un valiente liberado 2 por ciento lo acepta, aunque no sin sonrisillas peticionarias de piedad, de las conocidas entre nosotros como "risitas de conejo". Lo importante es que mentirosos o veraces, todos los miembros de la especie humana se masturban.»

V
Absuelto indiciado en robo de
cien gallinas a coronel

(Textual)

«En el juzgado Segundo de lo penal se llevó a cabo ayer la vista pública contra el reo Francisco Rodríguez Sánchez, indiciado en el robo de cien gallinas, diecinueve semovientes (entre vacas y bueyes), cuarenta y tres fanegas de maíz, veinte fanegas de micillo, tres cargas de maíz en pelota, una perra danesa, seis patos y gran cantidad de guineos y naranjas, hecho ocurrido en la Hacienda San Rafael, propiedad del Coronel Rafael Arévalo Merino, ubicada en la Jurisdicción de Rosario Mora. La defensa del reo estuvo a cargo del bachiller Roque Dalton y la acusación la hizo el bachiller Luis Alonso Melara, Fiscal del Jurado. El Tribunal de Conciencia, después de oír a ambas partes, emitió veredicto absolutorio.»

(*El Diario de Hoy*, San Salvador, 1959)

De Roque Dalton, *Un libro levemente odioso*,
UCA Editora, El Salvador, 1989

LOS PROFESORES

«Lo bueno de la universidad es que hay muchas clases de profesores». No se me ha olvidado la frase que —con una sonrisa irónica— pronunció hace años un buen amigo, profesor de Derecho Internacional. Efectivamente, encontrarás en ella profesores de muchas clases, aunque se hace difícil encontrar una *ratio divisionis* capaz de abarcar su espléndida, casi tropical variedad. Por supuesto, como ocurre en botánica, muchas de las especies académicas no son precisamente «buenas»: las hay también nocivas, soporíferas, urticantes y hasta letales; seguramente mi amigo consideraba *buena* la coexistencia en la universidad de los resultados de una selección natural del profesorado más bien errabunda porque da a los estudiantes una ocasión excelente para aprender a discernir.

El discernimiento puede orientarse con algo de información, empezando por las categorías administrativas del profesorado: hay profesores ayudantes, asociados, titulares y catedráticos (las dos últimas categorías integran un funcionariado académico permanente), y pueden dedicarse exclusivamente a «actividades académicas» o tener (salvo los ayudantes) una profesión adicional que suele ser la principal. En las facultades de Derecho enseñan bastantes magistrados, fiscales, abogados y funcionarios de las administraciones públicas casi siempre en calidad de profesores asociados. Los profesores que dedican su tiempo de trabajo solamente a la institución universitaria suelen tratar de compaginar la docencia con la investigación. Hay profesores predominantemente docentes y profesores predominantemente investigadores; de ambos se puede aprender aunque sean muy distintos. Hay también profesores que son sobre todo administradores de los servicios docentes y se encuentran normalmente en estado de reunión. Además, el profesorado de la Facultad de Derecho suministra tradicionalmente una parte no desdeñable del personal político: toda Facultad tiene cuando menos su diputado, concejal, ex-ministro o consejero, alto magistrado, etc., y un número elevado de candidatos a estos cargos por el momento en un aparentemente inofensivo estado larvario. Además —y aunque se trate de «conjuntos chinos» de los que le debemos a Jorge Luis Borges— hay que mencionar a los profesores *peripatéticos,* que vagan a cualquier hora por los pasillos sin que sea posible determinar la razón de su continuo ir y venir, y a los *turísticos* (de la *jet academy*), que saltan de beca en beca a congreso internacional y tiran de conferencia local para devolver las invitaciones; los estudiantes no suelen reparar en ellos como docentes.

Normalmente conocerás a los profesores a través de los cursos a los que asistes —con toda la distancia que inicialmente media entre profesores y estudiantes— y, más de cerca, en alguna actividad de estudio que no sea la clase magistral. Has de saber que, descontando la biblioteca, nada te proporcionará mejor ocasión de aprender que un buen profesor. Por eso conviene contar con alguno competente a quien recurrir para consultar los problemas que se vayan presentando a lo largo de tus estudios. Es excepcional la fortuna de encontrar un verdadero maestro, de modo que me limitaré a hablar de profesores.

No resulta fácil lograr que un profesor *le atienda a uno* dadas las condiciones de trabajo y las enfermedades profesionales (de naturaleza más o menos neurótica) existentes. Puedes encontrarte con la sorpresa de que el primer profesor que abordes trate de huir como animal asustado o, en general, con el hecho de que un profesor en movimiento parece una maquinaria difícil de parar. La razón de ese extraño comportamiento huidizo es compleja pero comprensible. Para empezar, es raro que los estudiantes se dirijan a los profesores para tratar con ellos sus problemas de aprendizaje: mucho más frecuente es que quieran saber algo que compete a los bedeles o de lo que se informa en los tablones de anuncios, que traten de hacer averiguaciones en relación con los exámenes, que busquen hacerse ver o supongan que la intervención profesoral es como mano de santo para algún trámite ante la administración académica o de las becas. También suele ocurrir que los estudiantes aborden a los profesores cuando éstos se encuentran indefensos ante el bollo del desayuno, o cuando creen que al fin pueden huir de los atestados (y las más de las veces pringosos) locales académicos... Comprenderás por esto que ser atendido en términos meramente amables por algún profesor requiere la puesta en práctica de cierta estrategia.

La estrategia, de todos modos, puede estar condenada al fracaso: hay, sencillamente, bastantes profesores para quienes los estudiantes sólo existen como una molestia profesional (son como «moscas cojoneras», llegaba a decir un rector impresentable). Es preciso tener en cuenta que aunque los estudiantes pasan los profesores permanecen; si los estudiantes sueñan con graduarse y perder de vista su Facultad, el inconfesado sueño de dicha de tantos profesores es no dar una sola clase más durante el resto de su vida. El estudiante ha de saber no ahuyentar al profesor, lo que en principio puede lograrse con un trato respetuoso hacia las disponibilidades —de tiempo y tranquilidad para el trabajo intelectual— de éste (no es mala práctica ir a la cita con un profesor llevando una chuleta para recordar *todo* lo que se desea tratar con él y no introducir temas extemporáneos con los que se pierde el tiempo).

La masificación indigente en que se desarrolla el trabajo de estudiantes y profesores en la universidad a menudo induce a los estudiantes a creer que pasan desapercibidos como individualidades, como personas singulares, ante los profesores; que son rostros anónimos de una masa cambiante y multiforme. Esa creencia es errónea: salvo que padezcan problemas de visión, los profesores *ven* realmente a los estudiantes, y aunque pueden no saber sus nombres y confundir las promociones, normalmente un estudiante particular es reconocido por los profesores que tiene o ha tenido asociado a una multitud de imágenes, como «instantáneas» del o la estudiante, lo cual *excluye* la carencia de ideas preconcebidas —de la misma manera que los estudiantes pre-conocen a los profesores a los que abordan (con más información, claro está, puesto que la actividad de los profesores es pública)—. Normalmente no serás pues *completamente* desconocido para el correspondiente profesor; puedes ahorrarte con él *representar papeles* (de estudiante superinteresado en lo que él enseña, de entenderlo todo a la primera, etc.) o complejos de culpa por tu magra cosecha pasada: si es inteligente, ya ve tus lastres; pero también ve —y quizá con más confianza que tú— tus posibilidades, pues los profesores tienen experiencia propia y han sido testigos de múltiples procesos de desasnamiento: en algunos casos, con suerte, hasta del suyo propio.

Es una cuestión político-moral ver o no la relación de aprendizaje particular entre un estudiante y un profesor individualizados como una relación *privada*.

Si fuera *privada*, esto es, si el estudiante hubiera de verse a sí mismo como solicitante de medios intelectuales de producción excepcionales, o privilegiados respecto de los ya privilegiados de los demás, para satisfacer sus finalidades privadas (llegar a obtener un buen empleo, etc.), entonces al pedir la colaboración de un profesor para resolver sus problemas de aprendizaje específicos estaría realmente *robándole tiempo*, utilizándole para sí. Y el profesor, visto como un profesional privado privilegiado —por cuanto nadie le exige responsabilidad por su empleo del tiempo de trabajo que le pagan fuera de las clases—, conscientemente haría un *favor* personal al estudiante al que atendiera.

Si la relación es *pública* —y objetivamente esa relación tiene un componente público por estar la educación financiada socialmente y organizada por el estado—, entonces el profesor no está para servir las *conveniencias privadas* del estudiante ni éste para justificar la existencia del profesor, sino que ambos existen para satisfacer una *necesidad social* de trabajo cualificado que ha de reproducirse aunque sea bajo las actuales formas de la división del trabajo[21].

Te decía que la naturaleza pública o privada de las relaciones particularizadas de enseñanza/aprendizaje es una cuestión político-moral porque el actual sistema *no impide privatizarlas sino que lo facilita*. No impide la existencia de profesores que privatizan todo el tiempo de trabajo pagado del que disponen al margen de las clases. Ni que consideran que atender particularmente a un estudiante es hacerle un favor personal. Y tampoco impide la existencia de estudiantes decididos a obtener de los privilegios actuales los mayores privilegios sociales futuros —y que tratan de entrar en *relaciones de favoritismo*.

Si el estudiante quiere aprender fundamentalmente para realizarse como persona y hacer en su día trabajo bien hecho *a pesar* de que no puede impedir individualmente que sea trabajo privilegiado, entonces tiene autoridad moral para exigir de los profesores que le dediquen el tiempo y la atención que requiere; su relación particular de aprendizaje es, al menos por su parte, *desinteresada*, y si el profesor aborda su trabajo con criterios político-morales parecidos a éstos quedan puestas las condiciones para una colaboración intelectual fecunda.

Si el estudiante, el profesor o ambos consideran que su relación particular es *privada*, entonces esta relación es distinta desde el punto de vista político-moral: puede ser de favoritismo o compadreo en los casos peores, y en los mejores una simple relación extraacadémica. Esto último no será considerado aquí. Pero quiero prevenirte en

---

21. Humboldt percibía aquí, aunque ideológicamente, es decir, en el marco de la concepción burguesa del mundo, el problema: «La relación entre maestro y alumno, en estos centros científicos [los superiores], es, por tanto, completamente distinta a la que impera en la escuela. El primero no existe para el segundo, sino que ambos existen para la ciencia» (*Sobre la organización interna y externa de los establecimientos científicos superiores en Berlín*, 1810).

Una visión imprescindible del papel de la enseñanza superior en el mundo social es la contenida en el ensayo de Manuel Sacristán Luzón «La universidad y la división del trabajo», en *Intervenciones políticas. Panfletos y Materiales* III (Icaria, Barcelona, 1985), ya citado anteriormente.

cambio contra las relaciones de favoritismo o compadreo pues es posible verse envuelto en ellas incluso sin buscarlas (por ejemplo, porque el profesor utilice su relación particular contigo para sus objetivos de política académica, para mejorar su imagen, etc.).

Quizá te haya preocupado lo que antecede: a fin de cuentas, se trataba simplemente del problema de entrar en relación con una persona más experta que tú para consultar con ella los problemas que van surgiendo en el curso del aprendizaje; problemas como una cuestión no aclarada, indicaciones bibliográficas para explorar un tema que te interesa, aprender a calibrar la importancia de determinadas materias, informaciones que no son de interés general y, más adelante, preferencias en la especialización, etc. Nada extraordinario, por tanto. Y resulta que en este *nada extraordinario* hay un componente político-moral. Ya irás viendo que —frente a lo que supone la subnormalidad dominante— hay un componente político, dependiente del sistema de dominio político-social, en casi todos los aspectos de la vida cotidiana. Por otra parte eso ya lo intuías de un modo más o menos oscuro: ya sabías que tú no puedes entrar en una relación individualizada de aprendizaje con *cualquier* profesor incluso técnicamente competente. Que la distancia que media inicialmente entre un profesor y un estudiante, en la universidad, no es sólo de edad o de conocimientos, sino que está puesta por elementos de otra naturaleza.

Veamos estos elementos, los que enturbian el asunto.

En los profesores hay una dualidad. Un poco como el Dr. Jekyll y Mr. Hyde, pero sin exagerar. De un lado son investigadores y personas que transmiten conocimientos; de otro, son examinadores, esto es, controladores estatales de los conocimientos de los estudiantes. En su primera función facilitan el aprendizaje. En la segunda, controlan el paso a los cotos vedados profesionales. Algunos profesores se sienten a gusto, como ogros que se preparan un guiso de niños, en este trabajo policial aborrecido por otros pero que todos están legalmente obligados a cumplir. Por otra parte, algun aspecto no negativo debe tener circunstancialmente el control del aprendizaje puesto que, por ejemplo, no resulta tranquilizadora la idea de ser operado por un suspendido en cirugía.

En las relaciones de aprendizaje entre estudiante y profesor puede planear este problema de los exámenes que crea desconfianza mutua. Para el estudiante aprobar es un problema que a fin de curso llega a presentarse como más acuciante que aprender. Para el profesor examinar es atenerse a unas criterios generales que teme vulnerar —exigiendo en demasía, o con indulgencia— al conocer los problemas de aprendizaje o vitales particulares de determinados estudiantes.

La relación particularizada de aprendizaje se vuelve distinta según que sobre ella planee o no este problema de los exámenes. A veces existe y no origina demasiadas dificultades: sobre todo cuando el diálogo se centra en torno a la profundización de determinada materia y no acerca de sus cuestiones elementales. Pero no siempre le es posible a un estudiante que desea aprender evitar las aclaraciones particularizadas sobre cuestiones elementales, en cuyo caso impersonalizar el asunto puede ser buena solución. Este aspecto del problema desaparece completamente cuando el estudiante establece esa relación individualizada de aprendizaje con profesores que no le van a examinar: con profesores ayudantes, o con profesores de cursos ya superados o de un centro de enseñanza distinto. Entonces sí resulta fácil discutir conceptos, obtener indicaciones de lectura, valorar preferencias de estudio o posibilidades de especialización. En este tipo de cuestiones es bueno no estar solo o sola, y conveniente ensanchar la óptica de los amigos o de las personas con quienes se trata habitualmente.

Queda aún una dificultad, la más inquietante, en la relación con los profesores. Antes de abordarla no estará de más que te prevenga contra la falsa confianza que con frecuencia nace en esta relación de enseñanza. No tengas prisa por tutear a los profesores por el mero hecho de que se tomen en serio tus problemas. Además, descubrirás que entre dos buenos amigos tratarse con cierto formalismo no constituye inconveniente. El distanciamiento, por otra parte inevitable entre personas de experiencias vitales muy distintas, te facilitará ser exigente intelectualmente con ellos, conservar un sentido crítico absolutamente imprescindible por lo que se verá a continuación.

Es posible dejar de lado temporalmente, en determinadas circunstancias, el poder burocrático-administrativo de los profesores en su función de examinadores, como hemos visto. Dejarlo de lado temporalmente significa que puede reaparecer. De hecho, los profesores se examinan los unos a los otros a lo largo de su vida (lo que suele dar origen a dilatadas trifulcas académicas, prolongadas a veces de generación en generación como las enemistades legendarias del *Wild West*) y participan en innumerables comités, jurados, comisiones y tribunales, de modo que tratándose de ellos nunca se puede estar seguro de que no vaya a reaparecer su lado Hyde. Pero el problema del que quería hablarte no es éste. Supongamos que se haya sorteado temporalmente el lado Hyde de un profesor; ¿carece de poder político en relación con el estudiante y es por tanto posible entablar con él una relación en pie de igualdad?

La respuesta es negativa. El profesor participa del poder. Y ese poder de los profesores, ulterior al burocrático-administrativo, tiene una naturaleza política, aunque privatizada.

EL APRENDIZAJE DEL APRENDIZAJE

Los profesores son profesionales de la palabra. Disponen de autoridad en el ámbito de los discursos teóricos. No sólo poseen un saber que tú deseas aprender, o sea, poseer también, sino que disponen de él en unas circunstancias sociales en que no está al alcance de todo el mundo. Ese saber es un bien de lujo o un medio de producción privilegiado. No pueden evitar definir intragremialmente lo que es aceptable y lo que no lo es: en el campo del derecho y de la política, lo que es admisible y lo que «carece de sentido», o sea, lo inadmisible; acuerdan los valores y principios, o, en suma, fijan los límites del universo discursivo dentro del cual es posible el debate. *Pero lo hacen ellos.* Si su saber, como el abecedario o las cuatro reglas, estuviera a disposición de toda la población —el tiempo en que el abecedario y las cuatro reglas eran conocidos por pocos no está demasiado lejano—, entonces los límites de lo discutible coincidirían con lo que toda la población podría discutir como cuestión de hecho. Pero no ocurre así. Y las circunstancias históricas en las cuales desarrollan los profesores su papel social —depositarios de un discurso altamente tecnificado cuyo contenido de verdad afecta a toda la población pero que sólo discuten entre ellos— les convierte en una clerecía de lo pensable, en un mandarinato especial. En materias sociales, como las jurídico-políticas, su función sigue siendo análoga a la de los sacerdotes del antiguo Egipto: definen líneas de investigación, o sea, ámbitos de pensamiento libre; aceptan, combaten o rechazan concepciones doctrinales (a menudo usando además los golpes bajos de su poder burocrático); adoptan, por supuesto que en diálogo, pero intracorporativo, acuerdos acerca de lo que es verdadero o verosímil. Por otra parte, ellos son quienes asesoran a las editoriales acerca de lo que han de publicar o traducir, quienes escriben los artículos de fondo de la prensa y forman la opinión de los intelectuales divulgadores (periodistas, publicitarios, maestros), y también quienes pontifican en los debates supuestamente serios de la televisión. Es éste un poder especial. Un poder sobre las consciencias[22].

En el autoconsiderado científico siglo XIX un italiano estudioso del Derecho Penal llamado Lombroso creyó descubrir en las personas ciertas características somáticas que según él las predisponían a la criminalidad. Sus mediciones y estadísticas propagaron ampliamente en el ambiente cientificista de su gremio (de profesores, jue-

---

22. Que se ejerce más terriblemente cuando se considera «natural», lo cual ocurre a veces en profesores muy competentes, que por eso mismo se consideran «técnicos apolíticos», y que, sobre todo si son jóvenes, en realidad tratan de conquistar notoriedad imitando y perfeccionando los modelos de «dominio por la palabra» que aprendieron de sus maestros.

ces, abogados y funcionarios de policía) la tesis de que hay *criminales natos*. No sabemos cuántos desgraciados sospechosos fueron a la muerte en virtud de sus rasgos craneanos.

Hoy podrás encontrar pequeños lombrosos en el ámbito de la economía, de la sociología, del derecho y hasta del gusto artístico y literario. Porque ese carácter es función del restringido círculo de personas que intervienen en el debate científico o teorético y del papel que tiene éste en los procesos de toma de decisiones que afectan a la colectividad.

Por eso hay que estar atento a toda señal de alarma que suene en tu cabeza cuando entres en relaciones particularizadas de enseñanza. Éstas te introducen en un círculo con reglas y valores propios que como persona puedes poner en cuestión y rechazar.

Dando por supuesto que los intelectuales componen un círculo restringido, especial, con intereses particulares (cuestión sobre la que es necesario volver a menudo), conviene recordar también que en ese círculo se dan valores y principios político-morales contrapuestos. La principal línea divisoria, atendiendo a esa contraposición, es la que separa a quienes aceptan el orden social en que vivimos (incluso si se dedican a adecuarlo, reformarlo, cepillarlo y abrillantarlo) de quienes lo consideramos insoportable y perseguimos uno en el que no esté institucionalizada la injusticia. No te engañes, con todo: la ubicación a uno u otro lado de la divisoria es a veces camaleónica. Para evitar errores hay que atenerse a lo que la gente hace; no sólo a lo que gusta decir.

La idealidad sostenida por las gentes que te rodean es un asunto de capital importancia. En el trabajo intelectual la obtención de verdades no depende sin embargo de ella. No hay una relación directa entre la orientación político-moral de las personas y la calidad de su trabajo —puede parecerte admirable la obra de alguien cuya orientación político-moral te resulte aborrecible, y viceversa—; pero las preocupaciones temáticas de cada estudioso no siempre son independientes de su idealidad. Ésta puede ayudar a descubrir la relevancia de determinadas materias o cuestiones, aunque en su estudio lo único que cuenta son los cánones normales de racionalidad.

No puedes *abandonarte* confiadamente, por tanto, a la ayuda de los profesores —en el supuesto de que la consigas, claro está—; eres tú quien aprende, y no necesariamente ni tan sólo lo que te quieran enseñar.

ESTAR EN CLASE

Cómo estar en clase presenta alguna dificultad. Según el grado de incompetencia de la administración educativa puede ser incluso un problema: a veces, literalmente, los estudiantes no caben en las aulas. Pero no me refiero a esto, sino a qué hacer en una clase a la que se asiste más o menos regularmente porque el curso resulta interesante en principio.

Hay algunos problemas preliminares; por ejemplo, dónde se sienta uno. ¿En la primera fila? ¿En la última? ¿Donde están los amigos y amigas de uno o una? En mi opinión, lo principal es sentirse cómodo y ocupar una posición que permita «trabajar», o sea, no perderse la clase. De modo que ante todo hay que tomar las medidas del mundo circundante: si los asistentes son numerosos, si hay micros y buena iluminación, etc., pero también hay que ver *de qué clase de clase se trata*.

Como la clase es interesante por hipótesis, se supone que no se trata de una de esas en que el profesor *dicta* con disimulo o descaradamente a los estudiantes su propia chuleta. Y entonces lo que se plantea es si hay que dedicarse fundamentalmente a seguir la clase o si hay que *tomar apuntes* de ella para reconstruirla *a posteriori*.

A mí, personalmente, me parece que las dos ocupaciones son incompatibles. Y sin embargo ambas son deseables. En realidad el problema se podría solucionar llevando una grabadora a clase, para poder tomar notas más tarde a partir de ahí, si es necesario. Pero como antiguo estudiante «de la última fila» y profesor experimentado me permitiré abogar por el principio general de sacrificar, en caso necesario, los apuntes a la operación de seguir la clase. ¿Por qué?

Para empezar, porque tan importante es el contenido de una exposición como *el modo en que se da*. Los profesores seguimos en clase un hilo general, más o menos detallado en un guión previo a veces puramente mental. Pero a medida que la explicación avanza, y en función de la recepción de esa explicación, el guión queda abandonado o se modifica sobre la marcha. Además, los profesores, como los actores de teatro, pueden *meterse en un jardín,* esto es, aventurarse por un vericueto improvisado porque les parece interesante o porque han olvidado momentáneamente adónde iban. Los *jardines* suelen ser de lo más instructivo, pero hay que verlos como tales, cosa que difícilmente percibirá quien tenga los dedos agarrotados de escribir. Por otra parte, están las dudas, las vacilaciones, o incluso los lapsus de quien habla, el *tono* en que se dicen las cosas: todo esto constituye la riqueza de la palabra hablada, que se volatiliza cuando un estudiante que aún *no conoce el tema tratado* intenta llevarla inmediatamente al papel.

Por eso lo mejor es *observar*. Y pensar activamente al mismo tiempo. Por las preguntas que a veces formulan los compañeros se percibirá en seguida que no todo el mundo recibe la clase de la misma manera: que ciertas cuestiones interesan a unas personas y a otras no, que algunas establecen conexiones inusitadas y que pese a que todo el mundo ha oído los mismos fonemas las interpretaciones son muy variadas. Esto ocurre porque todo el mundo escucha *desde su propio discurso interior*. Los profesores *suponen* un «discurso interior medio» y se dirigen a él: pero con frecuencia tienen que corregir sus hipótesis. Algunos son muy pesimistas y simplifican en exceso: si los estudiantes no les espabilan el curso se empobrecerá. A otros sólo se les entiende a medias, son complicados: no quieren sacrificar el rigor a la transmisibilidad.

Seguir la clase es, pues, seguir el contenido y el sentido del discurso y captar sus interrogantes. Aunque la última fila puede ser un buen observatorio no hay que desdeñar por ello atreverse a preguntar o pedir aclaraciones (esto plantea un problema particular que veremos en seguida). Y no está de más tomar *alguna* nota, lo que presupone papel y lápiz y cierto orden para saber encontrar esas anotaciones más tarde.

¿Hacer *uno* preguntas en clase? La inseguridad y la timidez abogan por mantener la boca cerrada. Y más si se trata de una clase en que los compañeros son una multitud. Pero hay razones para no sostener siempre una actitud tan prudente. Nadie nace enseñado, de modo que a veces no queda más remedio que pedir una aclaración. O hay que sacarle partido a un tema interesante que el profesor, de no encontrar eco en los estudiantes, puede estar a punto de abandonar. O por muchas otras razones, que descubrirás tú mismo, en ocasiones hay que armarse de valor y «pedir la palabra».

EL APRENDIZAJE DEL APRENDIZAJE

Cuando la tienes empieza lo más difícil: has de plantear la cuestión con precisión, intentando que la entienda todo el mundo, y para eso, si se trata de algo complejo, lo mejor es hacerse un microesquema relámpago en un papel o en la cabeza: primero, el por qué de la cuestión planteada; luego, la cuestión misma en sus diferentes facetas si las tiene, por ejemplo. Y, nuevamente, está la cuestión de *la forma*: al intervenir en clase no sostienes una conversación particular con el profesor sino que desplazas también la atención de los compañeros. Por eso hay que expresarse de manera audible por todos, con calma y con claridad. Las preguntas de los estudiantes a menudo son vistas por los compañeros como un momento de distensión, en el que se puede cambiar de postura o comentar algo con el vecindario, y eso da lugar a un repentino aumento de los decibelios ambientales. Quien pregunta ha de estar preparado para ello, dejar que se acabe el ruido aunque sea con una pausa momentánea, y llamar la atención sobre el asunto relevante. Si se sabe hacer bien todo eso los compañeros y quien da la clase lo agradecerán[23].

Una clase exige cierto trabajo posterior que conviene realizar antes de la siguiente lección sobre la misma materia: simplemente, pensar en ella por lo menos. O, si vale la pena, repasar las notas, hacer un esquema, anotar las fuentes de información dadas por el profesor, etc. Si el tema te interesa y has grabado la clase magnetofónicamente puedes dedicar tiempo a sintetizarla por escrito: eso te servirá para pensarla a fondo. También puede aprovechar reunirse con otros de vez en cuando para poner en común lo que cada uno logra aprender o desaprender.

Pero no te hagas ilusiones respecto de la utilidad de las clases y de las anotaciones de clase en relación con los exámenes. Por lo demás, debes tener muy claro que al estudiar —y particularmente al estudiar derecho— una cosa es aprender y otra superar exámenes. Este último punto se analiza en otro lugar. Por paradójico que parezca, es posible e incluso muy fácil superar exámenes sin haber aprendido absolutamente nada. Lo hace bastante gente y en honor a la verdad he de decir que no es inútil: los exámenes superados dan derecho al consabido título y con éste, tal como está el universo social, se entra en una zona privilegiada del mercado de trabajo. Aquí se supone no obstante que te interesa *aprender*. Las (buenas) clases son un material con el que construir ese aprendizaje, pero no el único: te han de llevar a los libros, con los que realizarás en solitario una parte sustancial del aprendizaje. Sin ellos estás perdido. El hábito de la lectura es imprescindible en esa profesión provisional de estudiante.

---

23. Es obvio que un estudiante de derecho debe adquirir la capacidad de hablar correctamente —sin las muletillas del lenguaje coloquial, con «capacidad de construcción» verbal— y con precisión (midiendo milimétricamente el alcance de sus palabras).

LOS LIBROS

Debo señalarte desde el principio que entre tus mejores amigos han de figurar (quizá a partir de ahora) los libros. Que en la lectura puedes encontrar amistad (y no sólo información). [Si no tienes el hábito de leer, en la sección «Bibliografías» de lo que tienes ahora entre las manos encontrarás, espero, alguna ayuda.] El libro —por supuesto, no en su forma actual, compuesto de 1) *pliegos* 2) *de papel* 3) *impreso*, sino incluso en forma de tablillas de arcilla, o rollos de hojas de papiro, en ejemplares únicos— fue un gran descubrimiento de los seres humanos, muchísimo más importante, aunque pueda no parecerlo, que los ordenadores. Un descubrimiento que permitió objetivar y por ello transmitir contenidos de conciencia de unos seres humanos a otros sin necesidad de recurrir a la memoria, que perece con las personas. Claro es que el recurso a la memoria, anterior al libro, también dio de sí grandes cosas: la palabra *ritmada,* por ejemplo, para facilitar el recuerdo y su transmisión de una persona a otra —tanto lo facilitó que hoy podemos *leer* poemas como los homéricos cuya composición es anterior al invento de la escritura—. La humanidad ha vivido con libros muy poco tiempo de su historia, pero desde que existen los libros es capaz de acumular experiencias y conocimientos personales a gran escala y transmitirlos de generación en generación. Nuestra civilización —la actual— podría sobrevivir pese a la desaparición de los ordenadores, pero no si desaparecieran los libros: eso sería una catástrofe[24].

No temas, pues, convivir con los libros y tratarlos respetuosamente (en ellos sólo se puede escribir a lápiz: no debes entintarlos

---

24. ¿Sabes qué había dentro del Arca de la Alianza? ¡Libros!

ni siquiera con tu nombre), pues pasan de unas manos a otras. Merece la pena que sepas distinguir las denominaciones de sus tamaños —en 4.º, en 8.º, según las veces que se ha plegado la hoja de papel impreso—; su modos de encuadernación (*en cartoné, en rústica, americana* —la que se deshoja en seguida—); o que averigües el significado de palabras como *sobrecubierta, cubierta, contracubierta, páginas de guarda, lomo,* etc. Con el tiempo aprenderás a valorar la calidad del papel, los tipos de letra y sus dimensiones —algunos editores, muy tacaños, utilizan letras que casi no se ven—, o si el libro está impreso en *offset* (que carece prácticamente de relieve y no es muy recomendable para nuestros ojos) o con auténtica *tipografía*.

Los libros pueden ser objetos realmente bellos. Considéralo; porque a poco que te despistes te encontrarás tratando no ya con libros, sino con uno de los más obscenos soportes de cultura que se haya podido inventar: *icon fotocopias!* Las fotocopias son objetos deleznables, de áspero trato, a los que a veces no hay más remedio que recurrir. Pero guárdate de convertir tu cuarto en una fotocopiateca: tendrías problemas de salud, sin duda, porque, como es sabido, las fotocopias tienen un inevitable componente vampírico. (Además, alelan: mucha gente, incluso profesores tuyos, necesita compulsivamente fotocopiarlo *todo*: confunden «tener una fotocopia» con «haber leído».)

Con los libros hay que ser, sin embargo, selectivo. Y algo desconfiado, pues hemos entrado en una fase de extensión de las relaciones capitalistas a casi todo, y «casi todo» incluye ya los objetos de cultura. A veces se oye hablar de un libro mediocre de un autor mediocre como si se tratara de un clásico viviente, pero lo que en realidad ocurre es que la empresa editora del libro, el diario y la revista que publican críticas elogiosas acerca de él y las emisoras de radio y televisión que se dan prisa en entrevistar al autor pertenecen al mismo grupo empresarial. Dicho en otras palabras: la publicidad, sobre todo la encubierta, también alcanza a la letra impresa, y por eso hay que desconfiar de los libros que están «de actualidad».

Y, sin embargo, los libros que interesan no se encuentran muchas veces en el mercado —o tienen precios astronómicos—. En éstos y otros muchos casos hay que recurrir a las bibliotecas. Hay que aprender a visitarlas. Tienen, ciertamente, algo de lugar sagrado. La sacralidad procede al menos en una pequeña parte de que los libros que hay en ellas son públicos, *para todos y para cualquiera*. Por eso imponen un poco: como lo que hay en ellas es para todos, hay que extremar allí el buen comportamiento y el cuidado con las cosas, pues conservan un tipo de bienes rarísimo en los tiempos que vivimos. Pese a todo, puedes visitarlas tranquilamente, sin miedo, porque las bibliotecas no se han comido nunca a nadie.

No quiero decir, sin embargo, que haya que leer por leer. Los buenos libros se deben reflexionar y releer. Leer irreflexivamente, por afán posesivo o consumista, lleva sólo a convertirse en *un burro cargado de libros* (según un dicho clásico). Se puede aprender mucho de un solo libro bueno, o de un solo autor. Con el tiempo desarrollarás, si es que no lo conoces ya, el placer de leer. Experimentarlo es condición de otro placer importante: el gusto por la escritura. Estoy hablándote, como ves, de cosas elementales, que aprendiste en la niñez: leer, escribir... No aplaces ponerte a escribir (puedes hacerlo, en el peor de los casos, empleando la escritura como un medio auxiliar del estudio y de la lectura, aunque escribir de verdad es algo esencialmente autónomo): pues al escribir —con la acción de escribir— se precisan las ideas y a veces se experimentan acontecimientos inesperados —por ejemplo: se le pueden caer a uno *los palos del sombrajo,* por decirlo de alguna manera: a veces se advierte que se tienen ideas confusas o equivocadas; pero también se descubre en ocasiones que uno sabe o piensa cosas que ignoraba saber o pensar.

Y un consejo de amigo: cuando estés escribiendo algo, no se lo digas a nadie, ni lo enseñes, sobre todo, hasta que esté terminado. De otro modo suele ocurrir lo que le pasó a Sansón cuando le cortaron los cabellos.

PLIEGO INTERCALADO II

Sacco y Vanzetti. La pena de muerte

Nicola Sacco y Bartolomeo Vanzetti eran dos idealistas anarquistas que sin ninguna base fueron acusados de bandidismo (de robo con homicidio) en el civilizadísimo estado de Massachussets y condenados a muerte.
La acusación era producto del odio al anarquismo y a los inmigrantes, en un ambiente social histérico a causa de la revolución rusa. La represión antirradical en USA tuvo su punto culminante en 1919, cuando se persiguió por un lado a los sindicalistas, por otro a los objetores de conciencia de la *No Conscription League,* y cuando además hubo deportaciones masivas de anarquistas activos oriundos de Europa oriental y de Italia. (Después de todo esto el anarquismo norteamericano pasó a la condición de secta, aunque se siguieron publicando diarios anarquistas como el judío *Freie Arbeiter Stimme* y el italiano *L'Adunata dei Refrattari.*)
Desde la condena de Sacco y Vanzetti hasta su ejecución en 1927 transcurrieron siete años; finalmente fueron electrocutados desafiando las protestas de todo el mundo por este asesinato de estado, un asesinato legal.
En 1972 la justicia norteamericana reconoció que eran inocentes.
Soportaron el proceso, injusto y deprimente, con admirable dignidad. La declaración de Vanzetti al recibir la sentencia de muerte encontró eco en varias generaciones, que han mantenido vivo su recuerdo.

Vanzetti, que con Sacco se había dedicado a predicar sus ideales anarquistas en mítines improvisados, al conocer la sentencia, y en relación con todo el proceso que acabaría con su muerte, dijo lo siguiente:

«De no haber sido por esto, podía haber acabado mi vida hablando en las esquinas a hombres desdeñosos. Habría muerto sin distinguirme, desconocido y fracasado. Pero ahora no hemos fracasado. Ésta es nuestra carrera y nuestro triunfo en toda nuestra vida jamás habríamos podido hacer tanto en favor de la tolerancia, de la justicia, de la comprensión del hombre por el hombre, como hemos hecho accidentalmente. Nuestras palabras, nuestras vidas, nuestros sufrimientos, ¡no son nada! Se nos quita la vida —la vida de un buen tendero y de un pobre vendedor de pescado—, ¡eso es todo! El último momento nos pertenece; ¡esa agonía es nuestro triunfo!».

TUS COEDUCADORES PRINCIPALES

Cierta gente va a desempeñar todavía, como en el pasado, un papel importante en tu aprendizaje. Y, ahora más que nunca, ese papel será predominantemente negativo. Se trata de gente casi tan peligrosa como la pantalla del televisor, y desde luego mucho más que el relativamente inocuo (tiburones aparte) profesorado de la Facultad. Debes guardarte de ella y eso no te resultará nada fácil, pues tienes que convivir con ella. ¿Quién es —te preguntarás— esa gente peligrosa? No vas a creerlo, pero quedas avisado o avisada: se trata de tus propios compañeros, de «tu clase», de la gente de tu curso en la Facultad.

Entiéndeme bien: tú mismo formas parte de «esa gente» para otros: tú mismo o tú misma, no desde tu lado «bueno», ni en las conversaciones en las que expresas seriamente lo que piensas o lo que dudas con tus compañeros más afines (sea la afinidad por semejanza o por contraste[25]), sino tú al formar parte de una «masa», de un colectivo más bien amorfo.

Los grupos de que formamos parte influyen mucho en nuestra educación. El grupo no se comporta como las personas individuales que lo componen[26]. Pero cuando tratamos a las personas en relaciones que se establecen originalmente en el seno de un grupo, el grupo como tal cuenta bastante. Cuenta porque la mayor parte de nosotros

---

25. Lo encerrado en este breve paréntesis no ha sido escrito en realidad por el autor del libro, sino por un frailecillo escolástico —del tamaño de un piojo, por lo demás— que le parasita desde que, siendo estudiante, hubo de memorizar un manual de *Derecho Natural* cuyo autor —¡ay!— está criando malvas desde hace años. Escarmienta, pues, en cabeza ajena: los efectos distantes de lo que llaman «la enseñanza» pueden ser devastadores.
26. Si quieres saber algo más sobre esto puedes recurrir a *Masa y poder* de Elías Canetti (trad. española de H. Vogel, Muchnik, Barcelona, 1981).

deseamos, no diré ya ser amados (aunque en realidad lo tendría que decir), pero sí por lo menos ser admitidos, no ser excluidos, ni estigmatizados de algún modo por el grupo. Y tendemos a someternos, consciente o inconscientemente, a «los ritos de la tribu» incluso cuando en realidad nos consideremos marcianos, aunque estemos a años luz de la tal tribu.

Tu clase, tus compañeros y compañeras de curso, son tu tribu. Y será, casi siempre, un grupo hediondamente conformista. Cruel, estúpido y sobre todo conformista. No porque la gente que lo compone sea necesariamente mala gente —más bien se comportará «en público» como gente tímida, cobarde—, ni tampoco porque no exhiba disconformidad con los modelos propuestos por padres, profesores, etc., sino porque en los comportamientos públicos tienden a imponerse el adocenamiento y los valores dominantes: la competitividad, la agresividad, el escarnio del débil.

Verás cómo tu «tribu» tiene opiniones colectivas que quizá no sostenga en serio individualmente ninguno de sus miembros: opiniones «oficiales» respecto de ciertas actividades, asignaturas, manuales, profesores. Y que «la mayoría» muestra sus preferencias por lugares de reunión, modos de vestir, espectáculos, música, comportamientos, etc., que bien mirado no tienen por qué hacerte a ti la menor gracia. Descubrirás, si lo investigas, que tu tribu es afásica y en realidad acéfala para ciertas cosas: no tiene ni la más remota idea acerca de lo que es interesante o de lo que tiene valor, en general, y tampoco sabe nada acerca de un libro importante, de una personalidad valiosa para nuestra cultura, etc.; que no tiene nada que respetar como no sean los valores convencionales o la última «necesidad» fabricada y asignada por la industria publicitaria... Y, a pesar de todo eso, tu tribu pretenderá que te amoldes a sus rituales y opiniones. Percibirás, a poco sensible que seas, su insistente presión.

[Verás también que tu tribu es una adicta de lo que los desgraciados que hacen de soldado en la mili llaman «radio macuto»: una *adicta del rumor infundado*. Las historias más inverosímiles acerca de tus profesores o tus compañeros te serán explicadas con suficiencia por algunos de sus *enterados*: «¿Ya sabes lo que en cierta ocasión preguntó fulano en un examen?», «¿Ya sabes que Y ha salido con X?», «¿Ya sabes que *seguro* que entra en el examen la pregunta tal?». Y estas informaciones «seguras» te llegarán por varios conductos, les prestarás oídos y hasta es posible que alguna vez las retransmitas... Mucho después comprobarás que son falsas. Tan falsas como las promesas de los políticos convencionales.]

Es muy raro que una de estas tribus sea una buena educadora. A veces ocurre que en una clase coincide cierto número de personalidades fuertes y culturalmente densas, lo que eleva por encima de lo común la «cultura tribal». A veces creo que tuve la suerte de pertene-

EL APRENDIZAJE DEL APRENDIZAJE

cer a una de esas tribus anómalas porque la gente de mi promoción inventó, en el desierto académico del franquismo, buen número de actividades culturales interesantes. Y, vista desde lejos, esa promoción, muy reducida en número, ha dado una cantidad inusual de catedráticos de universidad, políticos, escritores y otras gentes de mal vivir. Pero si me traslado a esa tribu con la memoria, aparece también el conformismo, el macutazo, los miedos y nervios ante el examen, la competitividad, la crueldad con los débiles, etc. No; los individuos nos convertimos en corderos-lobos en la masa: en un animal estúpido y contradictorio.

Tienes armas para defenderte de la tribu: la ironía, el humor. Son las mejores, las más inteligentes. Allá tú si pretendes ser aceptado por *todos* tus compañeros de promoción (de la mía salió también —entonces era simplemente un estudiante falangista— quien dirige los servicios jurídicos de la patronal cuando escribo estas líneas; como profesor, he tenido como alumno a más de un abogado de mafiosos).

Pero no puedes ignorar este problema: formas parte de un conjunto que como tal tiene unos rasgos, y que puede empeorar —lo más probable— o mejorar. Tus compañeros de curso, por otra parte, merecen seguramente ser educados *por ti*. Yo no puedo ayudarte mucho aquí; sólo apuntar la existencia de esta particularidad del territorio que habitas. Las actitudes ante el problema que plantea la pertenencia a un grupo pueden ser muchas, y bastantes de ellas acertadas. Tendrás que buscar la tuya, y más adelante señalaré algo al respecto. Pero primero pon toda tu alma en desaprender la lección de conformismo.

LOS SEMINARIOS

Los cursos del tipo de los seminarios constituyen probablemente la mejor técnica de enseñanza y de aprendizaje que se puede encontrar en las instituciones de enseñanza superior. También es posible organizarlos independientemente de ellas y del profesorado con un grupo de compañeras y compañeros interesados por cuestiones análogas o emparentadas.

Caracterizar un curso de seminario (un seminario, por abreviar) no tendría mayores dificultades si no fuera porque a veces se organizan a modo de seminario actividades que en realidad son clases prácticas o la miniaturización elitista de un curso general. En lo que sigue dibujaré un «modelo» de seminario que por supuesto admite múltiples variantes.

El *objeto* de un seminario es el estudio de una cuestión particular que por su carácter especializado no es de interés general o de necesaria comprensión para todos los alumnos de un curso.

Cada estudiante establece sus preferencias personales en relación con las materias básicas de una licenciatura. Y, más específicamente, dentro de una materia o disciplina, a ciertos estudiantes alguna o algunas de sus cuestiones pueden resultarles particularmente interesantes, a diferencia de las demás. Explorarlas con cierta intensidad puede ser el objeto de un seminario. También puede serlo una materia excluida del *curriculum* pero cuyo conocimiento parezca relevante. Habría que decir, en definitiva, que puede ser objeto de un seminario lo que tiene poco desarrollo o no cabe en un curso general.

Los *participantes* en el seminario son estudiantes interesados en el objeto de éste. Esta participación es voluntaria, pues los seminarios no sustituyen a las disciplinas de estudio necesario sino que su objeto es complementarlas, ampliarlas o (como suele decirse más o menos pretenciosamente) «profundizarlas». No hay que participar en un seminario que no interese, pues dadas las características de este tipo de actividad la falta de interés propio puede causar perjuicio a los demás. Para seguir un seminario hay que tener cierta disponibilidad de tiempo: no sólo para las sesiones de trabajo colectivo propiamente dichas sino para su preparación mediante el estudio individual. No se requiere, en cambio, tener conocimientos especiales o ser lo que suele llamarse «un estudiante destacado»: los seminarios se hacen, precisamente, para aprender.

Es fundamental que el *número* de los participantes de un curso de seminario sea reducido: podemos situar el ideal entre seis y diez personas; ser menos induce a cierto informalismo, a la personalización de la comunicación; además, en este caso resulta fácil que los acontecimientos de la vida cotidiana repercutan fuertemente sobre el seminario: la menor ausencia (por enfermedad, etc.) rompe el ritmo de trabajo común; mantenerlo exige redoblar la responsabilidad y esforzarse por ritualizar las reuniones. Sin embargo, un seminario de tres o cuatro personas también puede funcionar muy bien si su objeto interesa vivamente al grupo.

En el extremo contrario, en los seminarios muy numerosos, la dificultad de la comunicación crece con el número de asistentes, y lo hace de modo más que directamente proporcional. Aparecen problemas de orden y de ritmo. Cuesta encontrar un lenguaje común. Y surgen otras dificultades: así, en los seminarios, como al realizar cualquier trabajo, se incurre en errores (los cuales ofrecen ocasiones excelentes para aprender); pero a algunas personas —por razones emocionales o psicológicas— les parece que más que cometerlos los *perpetran,* y además en público, por lo que tienden a disminuir su participación para evitarse *patinazos.* Los seminarios numerosos suelen dividir por ello a sus miembros en participantes activos (que intervienen mucho) y espectadores un poco parásitos.

En cambio, no es necesario que los participantes estén *normalizados,* esto es, que sean del mismo curso o incluso que sigan los mismos estudios; por el contrario, cierta heterogeneidad suele resultar fecunda.

El *escenario* del seminario es muy distinto del escenario de una clase magistral. Se realizan en torno a una mesa, lo que permite fácilmente tomar notas y/o café, etc., o, en suma, aportar alguna de las comodidades o pequeñas aficiones personales habituales en el trabajo individual (de paso, no se excluyen las amabilidades u obsequios a los demás, para hacer agradable el clima de trabajo). El formalismo suele ser algo mayor si el seminario es dirigido por un profesor. Si el ambiente se torna por ello excesivamente rígido el profesor debe ser «reeducado» sin falta (el seminario es una técnica de aprendizaje *común*) con un poco de sentido del humor.

La *forma* del seminario admite variantes, pero en ningún caso *es* un seminario la forma consistente meramente en un monólogo profesoral seguido de coloquio: eso es más bien una «clase magistral» con pocos asistentes.

La forma es función del estudio preparatorio: la materia del seminario ha de ser desglosada en partes como cuestión previa a las sesiones de trabajo regulares. Este trabajo inicial puede realizarlo el «director» del seminario si es un profesor, en cuyo caso tendrá que explicar a los participantes cómo cree que puede desplegarse la materia y con qué criterios; si el seminario funciona sin «director» los participantes realizan esta labor previa. En cualquier caso la planificación será revisable sobre la marcha. Una vez hecho esto, se asigna el trabajo previsto como preparación para la siguiente sesión del seminario o para varias de ellas. La frecuencia o periodicidad de las sesiones es función de la posibilidad efectiva de realizar el trabajo preparatorio, por lo que la frecuencia más intensa es la semanal; normalmente resulta preferible la periodicidad *bimensual* (en nuestro idioma, cada quince días).

El *trabajo preparatorio* consiste en leer (estudiar). Generalmente la mejor manera de tratar una materia en un seminario consiste en articular su análisis en torno a la lectura y discusión en común de un *texto principal* pertinente o de una serie de ellos. De modo que la lectura de la parte del texto principal o materia análoga prevista para la sesión de trabajo ha de haber sido realizada individualmente por cada uno de los participantes antes de la reunión. Ésta puede iniciarse resolviendo las dificultades de lectura: aclarando la terminología extraña, etc., es decir, asegurando la comprensión por todos del texto o materia. Esta tarea es muy importante, pero hay que gastar pocos minutos en ella: los problemas de *interpretación* (no de comprensión) han de tratarse separadamente.

Asegurada la comprensión de la materia de estudio se puede pasar a la tarea principal del seminario, que consiste en su análisis.

Una persona especialmente encargada de ello o «ponente» (que puede ser o no el «director») expone los problemas más relevantes sobre los que cabe discutir, y si es posible hace un *estado de la cuestión* de cada uno, esto es: aporta tesis o puntos de vista sobre el asunto que conoce por su especial trabajo preparatorio como ponente. Esta exposición, más larga que las demás (pero que no debe superar los veinte o treinta minutos), tiene por objeto centrar la discusión posterior en los aspectos más destacables de lo estudiado y aportar a ella toda la información posible.

Empieza después la *discusión,* en la que todo el mundo participa libremente. No hay límite a lo que se puede discutir. El tiempo es un límite de otro tipo: con su transcurso decrece la atención, y difícilmente se mantendrá viva durante dos horas ininterrumpidas.

EL APRENDIZAJE DEL APRENDIZAJE

Es preciso observar ciertas reglas acerca de la forma de realizar la discusión. Así, si se quiere discutir algo que no encaja en las cuestiones suscitadas por el ponente, hay que señalarlo para asignarle un lugar en ella. Pues conviene proceder con algún orden. Para observarlo hay que abstenerse de suscitar un tema antes de que se haya agotado el tratamiento del anterior. Tampoco hay que interrumpir una exposición ni el intercambio de ideas, el flujo de la discusión. Las intervenciones han de ser económicas, respetando el tiempo disponible, y despersonalizadas. Se ha de evitar la discusión puramente verbal, nominal, y por supuesto hay que huir de la mera retórica; conviene hacer un esfuerzo particular por entender a los colegas antes de criticar sus tomas de posición o disentir de ellas, solicitando aclaraciones si es necesario.

[En los tiempos que corren acaso no sea inútil señalar que en modo alguno pueden ser un modelo para la discusión en un seminario los «debates» de los programas televisivos. Quienes participan en estos supuestos debates no discuten nada entre ellos, no intentan descubrir la verdad o siquiera convencerse los unos a los otros, sino que hablan para los espectadores desde tomas de posición muy estudiadas de antemano; a lo sumo *representan* una discusión, y la mayoría de sus expresiones emocionales o son fingidas o producto del temor al medio.]

Las cuestiones que se suscitan en un seminario no interesan a todos por igual. Es preciso tener cierta sensibilidad para las que resulten muy minoritarias evitando gastar en ellas el tiempo de los demás. Estas cuestiones han de ser simplemente formuladas —nunca hay que callarlas, pues la ausencia de interés puede ser un error de percepción ajeno—; sin embargo, se discuten aparte, entre los interesados, como eventual «trabajo preparatorio» de otra reunión.

Aunque al final de cada sesión el «director» (o el «ponente») debe resumir el catálogo de cuestiones que han surgido en ella, el objetivo de la discusión no es llegar a alguna conclusión o conclusiones, sino *poner en común* el estudio realizado. Por eso no constituye problema que los participantes se dividan en tomas de posición distintas sobre los diversos temas. Se comprobará en seguida que las reflexiones realizadas *con posterioridad* a las sesiones del seminario facilitan madurar la materia y perfilar mejor ciertos juicios. Formar opinión requiere tiempo y casi siempre debate interior (con uno mismo). El asistente a un seminario puede completar y confrontar los resultados de su propio estudio con los resultados de los demás, pensar con cabeza múltiple sin perder su subjetividad.

Ciertos expedientes facilitan el desarrollo de este tipo de cursos (aunque más que cursos son actividades de estudio): así, de vez en cuando cabe recurrir a un ponente externo, solicitar la colaboración de alguien entendido en la materia que no puede seguir las sesiones regulares. Esto puede servir de ayuda en seminarios auto-organizados por estudiantes (y también en los dirigidos por un profesor: no es mala idea invitar como ponente a su peor enemigo). En los estudios de ciencias sociales a veces se encuentra material cinematográfico o literario adecuado para ciertos temas, que puede complementar la lectura tradicional. Por otra parte, cuando un seminario embarranca en algún punto o encuentra dificultades para seguir su curso se puede organizar, al objeto de solventar el problema, lo que los anglosajones llaman una *tormenta de cerebros*: una sesión en la que cada uno expone por turno y sin notas, ampliamente, en lenguaje directo y franco (se recomienda desconectar las grabadoras), su modo de verlo.

A diferencia de los cursos corrientes, que parecen cerrados en sí mismos o incluso graduados, los cursos de seminario nunca acaban: simplemente, las sesiones periódicas se interrumpen o cesan, pero sin que los participantes tengan consciencia de haber agotado la materia sino sólo de haberla trabajado un poco. No puede ser de otra manera. El estudio bien hecho no cree haber agotado una materia jamás.

Las condiciones creadas por la insuficiencia de medios afectan muy especialmente a la organización de cursos de seminario en la universidad. El profesorado ha visto aumentada su carga de trabajo en forma de clases «magistrales» y multiplicación de trabajo administrativo y de control, y en general tiene dificultades para organizar actividades como los cursos de seminario, a los que el punto de vista de la administración educativa no suele atribuir valor.

A veces la organización de seminarios adopta en la universidad un aspecto ciertamente elitista, al imponerse requisitos especiales de acceso o no anunciarse públicamente excusando tan anómalo supuesto por la imposibilidad de atender a la demanda que haría previsible la publicidad.

En otros casos esta forma de aprendizaje ni siquiera se organiza por carecer de precedentes en universidades de creación reciente, cargadas de problemas materiales, con poco profesorado profesionalizado, etc., o por chocar con los disciplinados idearios de los nuevos centros de estudios superiores privados o privatizados que van surgiendo en el país.

En situaciones así los estudiantes no tienen más remedio a su alcance que organizar por sí mismos este tipo de actividades con la ayuda de profesores o sin ella. Ello tiene una larga tradición en la universidad española: una parte no desdeñable del aprendizaje universitario durante el franquismo, especialmente en materias sobre las que éste ejercía con más dureza la censura de las libertades de pensamiento y expresión, se realizó en forma de seminarios organizados por los estudiantes. Lo mismo había ocurrido en los momentos de cierre de las universidades durante la dictadura de Primo de Rivera y, en cierto modo, también pueden verse como organización de seminarios algunas de las actividades emprendidas mucho antes por la Institución Libre de Enseñanza.

Los seminarios organizados por estudiantes, por otra parte, les reservan a éstos una sorpresa: la de percibir por sí mismos que es posible obtener un bien cultural valioso e importante para su formación como personas sin recurrir a los circuitos comerciales (sin comprar nada, sin matricularse en *master* o cursillo alguno, sin exámenes y sin amoldarse a las disciplinas del actual sistema): simplemente, poniendo trabajo *en común*.

LA OCUPACIÓN DEL ESPACIO CULTURAL

Debo hablarte ahora de una operación que no puedes realizar solo o sola. Únicamente puede tener éxito cuando ya lleves algún tiempo en la universidad, y cuando hayas anudado —a través, como siempre, del ensayo y el error, este último a veces tan doloroso como instructivo— lazos de amistad y camaradería para emprender esta operación junto con otros.

Pero hay que tenerla en la perspectiva desde el principio.

La operación a que aludo consiste en la ocupación del espacio cultural, ideal, de tu Facultad. Veamos de qué se trata.

Las instalaciones universitarias no son exclusivamente lugares de enseñanza y de estudio. Son también lugares de exploración y debate de ideas, centros de vida cultural, de tratamiento de problemas que no encajan exactamente con las disciplinas académicas [y en lo que no encaja, todo hay que decirlo, está lo más interesante y nuevo que la vida social pone al descubierto]. En las Facultades, además de los cursos, hay grupos de trabajo sobre las cuestiones más diversas; se organizan debates, ciclos de conferencias, audiciones, lecturas o representaciones teatrales, sesiones de cine; se confeccionan revistas; a las Facultades son llamados a veces los grupos o «colectivos» —según la palabra ahora de moda— sociales que no tienen voz, los protagonistas de hechos problemáticos de la vida social, etc.

Bueno: en realidad en las Facultades *debería* existir todo esto. Pero no siempre existe. Las «actividades culturales» pueden reducirse a lo que se le antoja al correspondiente decanato, o incluso degradarse penosamente con «fiestas» más o menos discotequeras, subvenciones a ese rijoso engendro llamado *la tuna* y hasta cosas peores —aunque es difícil encontrar algo peor—. A quienes degradan las dignidades académicas a la condición de autoridades —por decirlo como los viejos maestros— les conviene una situación así: están encantados de potenciar el carácter *festivo* de las iniciativas estudiantiles para evitar que entre clase y clase florezca entre los estudiantes un pensamiento *crítico* que inevitablemente pone al descubierto los *pasteleos* académicos y entre la espada y la pared a las autoridades sin dignidad. Por razones como ésta, a veces no hay suficiente vida cultural en la universidad, o la que hay padece un dirigismo incompatible con la exploración intelectual libre.

No voy a decirte que sea fundamental una implicación en los grupos políticos que hay en tu Facultad. Salvo los que están vinculados a la emancipación social, tales grupos no son más que los lugares de reclutamiento de los futuros políticos profesionales, y sólo suelen estar interesados en copar la «representación estudiantil» en los claustros de la universidad o de la Facultad, etc. En otras palabras: sólo se activan antes de las elecciones, pues su modelo de la participación político-social se reduce a la adhesión mediante el voto a una u otra de las *cliques* de profesionales de la política, e ignoran la idea de voluntariado social o político, o la idea de militancia.

Muy distintos son los estudiantes que desempeñan la función de delegados de curso o de grupo, los cuales suelen ser muy apreciados por sus compañeros, ante quienes los delegados se sienten *responsables,* y que, al igual que muchos estudiantes no inertes socialmente, a los que les preocupan cuestiones tales como el pacifismo, la insumisión, el antirracismo, la ayuda a los países pobres, el feminismo, el ecologismo o las condiciones de la vida urbana, vecinal, sindical, cultural, etc., son tus aliados naturales para lo que he llamado aquí *ocupación del espacio.*

Intento decirte algo muy sencillo, en realidad, pero a la vez importantísimo. Hay que suponer (y si no es así eres bastante afortunado en este aspecto) que no eres una persona especialmente «culta» o instruida: que eres una chica o un chico con el normal bagaje de conocimientos de un bachiller. Pero también que tienes tus propias preguntas socioculturales, y tus propias preferencias; que te preocupa alguno de los lados miserables del mundo histórico que nos toca vivir; y también que nadie te ha adiestrado a eliminar tus ignorancias ni a combatir los lados problemáticos del mundo histórico, pero no te conformas con saber que existen.

Pues bien: supuesto todo esto, y también supuesto que ya sabes que a los demás se les conoce por sus obras, por lo que hacen, y no meramente por lo que dicen, *has de aprender a conocerte también a ti por tus obras* (y no sólo por lo que piensas de ti). Esto es: se te plantea el problema de aprender a desplegar, por pasos, una práctica social no conformista, no sumisa, como ser humano.

Por eso conviene que la relación con los compañeros y compañeras más afines de la Facultad no se limite a una «comunidad sentimental». Puedes aprender a poner en común con ellos tus preocupaciones culturales, en primer lugar, y establecer conjuntamente con ellos el clima en que es posible el debate cultural y político-moral. Y a medida en que consigas junto con otros que este debate se vuelva amplio, alcance a compañeros y compañeras que quedan fuera de tu «comunidad sentimental», llegue a gente de cursos distintos al tuyo —o llegues tú a participar de la actividad y el debate cultural iniciado por otros compañeros y en otros cursos—, estarás *ocupando el espacio cultural* de la Facultad o incluso, más precisamente, *creándolo*. Un territorio ideal construido junto con otros a través de la organización de actos culturales, discusiones, debates. Sólo si se logra un territorio, un espacio cultural así (por pequeño que sea), es posible desplegar conjuntamente con otras personas una práctica social no sumisa.

Pero te aseguro que conseguirlo requiere buenas dosis de inventiva, cierto sacrificio de tiempo, aprender a coincidir en determinadas cuestiones con gente con la que no coincides —sino todo lo contrario— en otras. Esto es: exige también el duro trabajo de roce con la realidad. Y como este roce es muy duro, he de prevenirte contra la tentación de implicarte más de la cuenta, de ir más allá de lo que está claro para ti en cada momento. Pues no se trata de convertirse en víctima, ni ser uno mismo quien cargue con tareas de otros o con lo que corresponde a todos.

Ahora bien: aquí tienes un problema. No puedes implicarte en prácticas culturales y sociopolíticas que vayan más allá de tus convicciones actuales, cierto; pero tu situación es en esta materia de equilibrio inestable o, por decirlo más precisamente, en esta materia el único equilibrio que se puede mantener es el dinámico (como en una bici). Porque no puedes *omitir* una práctica que consideres un deber moral concreto tuyo sin dar con ello un paso hacia la conversión en un pingo más o menos almidonado. De modo que, ante todo —lo repito—, has de *conocerte a ti mismo* aplicándote la reflexión basada en esa vieja y clarificadora idea —no importa quien la enunciara—: *por sus obras los conoceréis*.

PLIEGO INTERCALADO III

«Otra vez quiero recordaros lo que tantas veces os he dicho: no toméis demasiado en serio nada de cuanto oís de mis labios, porque yo no me creo en posesión de ninguna verdad que pueda revelaros. Tampoco penséis que pretendo enseñaros a desconfiar de vuestro propio pensamiento, sino que me limito a mostraros la desconfianza que tengo en el mío. No reparéis en el tono de convicción en que a veces os hablo, que es una exigencia del lenguaje meramente retórica o gramatical, ni en la manera algo *cavalière* o poco respetuosa que advertiréis alguna vez en mis palabras cuando aludo, siempre de pasada, a los más egregios pensadores. Resabios son éstos de viejo ateneísta, en el más provinciano sentido de la palabra. En ello habéis de seguirme menos que en nada.»

De Don Antonio Machado, *Juan de Mairena*, 1935.

EXÁMENES, APROBADOS Y «CHULETAS»

¿Voy a desaconsejarte yo que acudas a un examen provisto del talismán de una «chuleta»? Desde luego que no, y hasta creo que ciertas «chuletas» pueden ser recomendadas calurosamente. Pero no conviene que te pongas manos a la obra sin reflexionar el asunto primero; además, como espero mostrarte, soy un experto en el arte de construirlas —aunque con cierto anacronismo, la verdad— y, al estar ahora al otro lado de la barrera, también un experto en pillar a estudiantes con las manos en la masa. (Como habrás adivinado, todo esto es publicidad —pero no engañosa— para que te tomes en serio leer reflexivamente lo que sigue.)

¿Es moralmente lícito hacerse una «chuleta» y emplearla? ¿Es útil como método de trabajo? Tales son las cuestiones a dilucidar.

Mi tesis (por lo demás inocua): es moralmente lícito *hacerse* una «chuleta» en cualquier caso (y abandonemos ya el entrecomillado).

Y entrando en materia: es moralmente lícito *usar* una chuleta, en mi opinión, si existe el riesgo de que el buen trabajo de uno/a se vea ignorado por un mal trabajo de los examinadores, o si el tipo de examen que previsiblemente se ha de padecer cuestiona en el estudiante más su memoria o su adhesión a las opiniones del profesor que su comprensión de la materia.

Si el párrafo anterior es cierto, hay bula papal, del dalai lama y de la reina de Inglaterra, o indulgencia moral plenaria para el uso de chuletas en casi todos los exámenes de las actuales Facultades de Derecho y no pocas de las demás. Porque, en el peor de los casos, el profesor hace sentir en los exámenes lo arbitrario de su autoridad burocrática, y, en los casos menos extremados, la mayoría de las veces el profesorado, a la hora de examinar, no atina a averiguar lo que el estudiante *sabe* y se limita a averiguar qué *recuerda*. Esta *pe-*

queña diferencia les crea a los estudiantes la angustia característica: no sólo hay que estudiar para aprender, sino que además hay que *estudiar para aprobar*, lo cual es un asunto —y un enojoso fastidio— completamente distinto. La diferencia entre estudiar para aprender y estudiar para aprobar tiene que ver con las miserias que permiten la subsistencia de clases que no sirven para aprender. (Y poniendo de manifiesto una de las implicaciones de lo anterior: también tus compañeros y tú, al aceptar sistemáticamente pasar por el aro, y no solamente las autoridades académicas, sois en parte responsables de la pervivencia de clases que no sirven para aprender.)

Hay que *estudiar para aprobar* si el profesorado concibe el examen como una carrera de obstáculos para llegar a la meta-aprobado. O sea, si consiste en preguntas que no se pueden contestar más que de una manera predeterminada —por ejemplo, únicamente según tal o cual manual, o según lo explicado en clase, o según la particular teoría del profesor[27]—, o preguntas *memorísticas,* las características de «la letra pequeña» de los manuales; o si se formulan cuestiones objetivamente *malintencionadas* aunque aparentemente justificadas, como el último cambio normativo producido en la materia durante la explicación de la misma (cambio que generalmente suele ser poco relevante, pero que visto como «obstáculo» es «bueno» porque mucha gente despistada no lo llega a salvar).

El examen fundamentalmente memorístico goza de las predilecciones del profesorado de Derecho Civil, probablemente por influencia de las oposiciones a Notarías (un ejercicio privado de función pública completamente anacrónico e injustificable): los notarios son la quintaesencia del iuscivilismo. Son (o fueron) capaces de recitar de memoria, a velocidades de vértigo y en cualquier orden, una muchedumbre de normas procesales y sustantivas, recordando además la numeración de los artículos, parágrafos y —por abreviar— todo lo que haga falta, casi sin pestañear. Pues las oposiciones a Notarías se constituyen en tal ejercicio cómico circense. Los exámenes de la Facultad suelen ser un poco lo mismo.

El *estudiar para aprobar* puede arruinar muchísimas inteligencias. Que sólo son capaces de *memorizar.* Esto es: incapaces de insertar los parciales conocimientos transmitidos en una comprensión compleja de la vida social; incapaces de hacerse no ya con un pensamiento técnico-jurídico eficiente, sino de problematizarlo y adaptar-

---

27. Así, por ejemplo, en Manuel Atienza y otros, *244 preguntas de introducción al derecho* (Ariel, Barcelona, 1986), donde: el consejo es un caso de *uso prescriptivo del lenguaje* (pregunta 12), o la palabra «Derecho» *designa* entre otras cosas la justicia (pregunta 5).

lo a la cambiante realidad social —y, profesionalmente, a la actividad personal.

[Mis compañeros de trabajo y yo tenemos alguna mala experiencia, como profesores, con el *estudio memorístico* de tantos estudiantes de Derecho. Hartos de que se hiciera ese tipo de estudio —que se descubre en seguida en la incapacidad del estudiante para *explicar con otras palabras* cualquier cuestión meramente memorizada—, durante unos pocos cursos intentamos acabar con la memorización. En una asignatura del último curso les anunciábamos a los estudiantes desde el principio del curso que podrían consultar cualquier libro durante los exámenes, al objeto de que pudieran estudiar para aprender sin tener que preocuparse de *recordar*. Pero *los memorísticos*, sencillamente, no podían. Estaban ya viciados. La mayoría contestaba nuestras preguntas copiando literalmente párrafos de los libros, esto es, haciendo la misma operación de *cortar y pegar* que realizan los programas de tratamiento de textos por ordenador. Tuvimos que abandonar y atacar por otro lado...]

De modo que —volviendo a nuestro asunto— la confección y el uso de chuletas puede ser el salvavidas que se necesita para *aprobar*. Mi teoría, sin embargo, es que una *buena* chuleta puede servir también para *aprender*.

[Repito, de todos modos, que no se puede cuestionar la necesidad de los exámenes. Ni a ti ni a mí nos gustaría ser operados de una vulgar apendicitis por un cirujano y un anestesista que no se hubieran examinado nunca.]

Hacerse una chuleta es un *excelente* método de estudio si la chuleta se hace bien. Es una operación compleja que comporta dos aspectos, uno físico y otro intelectual.

El aspecto físico de la chuleta es su *soporte* —que dirían los informáticos—: aquello (físico) donde lo chuleteado *está*. El aspecto intelectual de la chuleta consiste en su contenido. Entre ambos hay una relación dialéctica. Un soporte excesivamente pequeño sólo admite un contenido casi despreciable; un soporte demasiado amplio causa un deterioro en la calidad de la chuleta: demasiado grande, además de inmanejable, no permite que cumpla su función.

Hay chuletas en soporte minúsculo: las caras de unos bolígrafos hexagonales, adecuadamente rayadas, permiten atesorar información de urgencia. Sin embargo, como estudiante y como profesor soy partidario de las chuletas clásicas, caídas casi en desuso, y cuya técnica de confección me permito describir a continuación.

El soporte físico de la chuleta tradicional

Para hacer una buena chuleta se necesita únicamente lo siguiente: un poco del papel empleado por arquitectos y delineantes para copiar planos (papel vegetal), que se encuentra en cualquier papelería; unos palillos redondos (valen los de pinchar las aceitunas); un buen pegamento; unas gomas elásticas de pequeño tamaño (también en la papelería: pedir las más chicas).

La chuleta es como un «libro» antiguo en miniatura; como un «libro» anterior al invento del *pliego* de papel, cuando se escribía en *rollos*. Se corta una tira de papel del tipo mencionado de unos 50 cm. de largo, a lo sumo, por 5 cm. de ancho. En cada uno de sus extremos hay que pegar un palillo, que mide poco más de esos 5 cm. (y que por ello ha de sobresalir por ambos lados de la tira de papel), sobre los que luego se enrrollará la tira. Para asegurar que cada palillo queda firmemente sujeto al papel conviene practicar en éste tres o cuatro pequeños orificios a 1/2 centímetro de distancia del borde, para enfilar por ellos el palillo, que además se adhiere al borde de la tira con un poco de pegamento (la goma blanca basta, pero cabe recurrir a pegamentos superiores). Cuando el pegamento está seco, el aprendiz de artesano chuletero puede enrollar la tira de papel en torno a cada palillo, convergiendo hacia el centro; comprobará que si se sujeta el conjunto, enrollado por mitades sobre cada uno de los palillos, con una pequeña goma elástica, el artefacto es efectivamente un rollo que se puede «pasar» hacia uno u otro palillo —pero siempre con una superficie de papel de tamaño adecuado para mostrar texto—, fácilmente ocultable en la palma de la mano y sencillísimo de manejar con un discreto movimiento del pulgar. Ya tenemos el *soporte físico* de una chuleta tradicional.

El contenido intelectual de la chuleta

Llegamos a la cuestión más importante. Cómo hacer una chuleta realmente *útil*. Basta proceder así:

Siguiendo el programa de la asignatura, hay que analizarlo estudiándolo lección por lección, apartado por apartado o cuestión por cuestión. Es necesario preguntarse uno mismo, cada vez, qué es lo esencial del apartado, capítulo o cuestión, y anotarlo en un bloc de notas. Para averiguar qué es lo esencial hay que asegurarse de haber entendido para qué sirve la institución que se está estudiando, en qué se diferencia de otras parecidas, qué problemas o litigios pueden surgir, que problemáticas económicas o sociales rige. Esto es: para captar lo esencial de cada cuestión hay que poner en relación lo que explica el texto o los textos que sirve(n) de base para el trabajo de estudio con el mundo social real. Un poco de reflexión permite anotar en el bloc de notas la quintaesencia de lo estudiado con las propias palabras de uno o una.

A la chuleta se traslada lo esencial de ese bloc de notas. En realidad es el bloc de notas el que nos da una pista acerca de si bastará una chuleta para toda la materia o hay que hacer más. No hay que pasarse, sin embargo: lo esencial es poder anotar en nuestra tira de papel vegetal las claves indispensables, unas pocas palabras esenciales por cuestión, y saber localizarlas luego. El trabajo previo realizado para llegar a las anotaciones del bloc de notas garantiza que el propio cerebro será capaz de sacar buen partido de lo que hay apuntado en la chuleta.

Hay una manera bastante sencilla de detectar a los estudiantes que intentan copiar o manejar chuletas, que te cuento desde mi experiencia de profesor para que sepas actuar en consecuencia. El aspecto general de una sala de exámenes es el de un montón de cabezas que miran el papel en que escriben. A veces los ojos del profesor vigilante encuentran otros ojos, que obviamente no están atendiendo a su trabajo; si esto se repite varias veces con la misma persona, es señal de que el estudiante está *vigilando* al profesor vigilante, que en seguida adivina por qué y trata de pillarle *in fraganti*.

Como habrás comprendido ya, estas páginas no son una mera introducción al arte de hacer chuletas y emplearlas: con independencia de eso, trabajar del modo indicado para obtener el «contenido intelectual» de una chuleta es un buen método, en realidad, para hacerse con el contenido de una materia, o de un libro de texto.

¿Significa esto que estudiar derecho consiste en repetir operaciones como la indicada tantas veces como disciplinas tenga la licenciatura? No quisiera que te quedaras con esa impresión, ni mucho menos. Eso sólo sirve para preparar bien un examen. Y a medida en que se van desarrollando los propios intereses se descubre que no es necesario, o siquiera conveniente, prepararlos todos *bien*, pero que en cambio es absolutamente imprescindible, de primera necesidad, hacer otras cosas.

El aprendizaje del derecho es el aprendizaje de una técnica de dominio social, si me permites decirlo brutalmente. Una técnica objetivamente existente. Que se pueda emplear para dominar a otros o para dificultar el dominio de otros es una cuestión distinta. Pero como tal técnica, en su riqueza y complejidad, no se adquiere por la mera adición del conocimiento de las diversas materias jurídicas. Incluso eminentísimos profesores, que dominan hasta el menor detalle de una normativa o concepto particular —el «negocio jurídico», por ejemplo— pueden ignorarla por completo.

Tus años de estudio de la licenciatura, por tanto, son años de aprendizaje de esta técnica y del funcionamiento de las relaciones sociales. Has de saber que este aprendizaje no finaliza con la licenciatura. Sin embargo lo has de emprender por tu cuenta ya. De modo que conviene que dividas el estudio que has de realizar en dos «partes». Una te vendrá señalada por las exigencias de la Facultad, que no son pocas. Pero el contenido de la otra parte —en realidad, la esencial, la que te impedirá convertirte en un memo/a licenciado/a— has de imponértelo tú, y «examinarte» tú mismo o tú misma acerca del avance en el cultivo de esta «parte esencial» del aprendizaje.

Verás más adelante que se te ofrecen, en el apartado «Bibliografías», no pocas indicaciones acerca de cómo abordar la «parte esencial». En cierto modo, la «parte esencial» queda cubierta —aunque no siempre ocurre así— convirtiéndose en una persona *culta*.

Has de estar atento a los problemas centrales de tu época, enterarte de qué van. Leer la prensa, pero no *cualquier* prensa ni *sólo* la prensa. Ésta cultiva esencialmente la actualidad, lo vendible, y puede llegar a ser bastante mala. El auténtico periodismo de investigación escasea porque consume mucho tiempo, o sea, es bastante caro y necesita mucha vocación.

Aunque te parezca raro al principio, puedes recurrir a las obras de arte: los artistas verdaderos son ciudadanos especiales pues están dotados de una sensibilidad particular para captar lo esencial de las cosas sin dejarse engañar por las apariencias. De modo que acercarte a las obras de arte, tanto a las grandes obras del pasado como a las de nuestro propio tiempo, avivará y educará tu sensibilidad para descubrir la verdad. Entre verdad y belleza hay una misteriosa —lo digo en serio— relación que deberás descubrir tú mismo.

Tendrás que recurrir también a la historia, pues los problemas del presente no han surgido de la nada, sino que su génesis puede rastrearse en el pasado. Tendrás que autoeducarte hasta que el punto de vista histórico sea el que adoptes de manera espontánea al afrontar intelectualmente cualquier problema de verdad. Es posible que indicaciones como «adoptar espontáneamente un punto de vista histórico» te parezcan ahora muy raras, pero la lectura de la historia te aclarará lo que es la perspectiva del historiador, y a poco que seas una persona reflexiva esa perspectiva te será cómoda (cómoda, incluso, como unos viejos tejanos o el calzado preferido). Para los estudiantes de derecho la historia presenta, sin embargo, aquí y ahora, una dificultad particular y bastante seria que merece examen específico.

LA ACTUAL DIFICULTAD DE LA HISTORIA DEL DERECHO

Voy a entrar en un «rollo» informativo previo que uno/a puede saltarse, y que se resume en lo siguiente: la culpa de todo la tiene Savigny. Si llevas prisa puedes prescindir de lo que voy a contar sobre este sujeto, y leer directamente la parte final de este capitulillo, a partir de tres asteriscos que encontrarás colocados estratégicamente para permitir el salto.

Si lees estas líneas siguiendo un curso de derecho, sin duda habrás visto el infame nombre de Savigny escrito con adoración, quizá con letra gótica, en alguna pizarra (por alguien que supuestamente le ha leído).

Savigny fue un profesor y ministro prusiano de principios del siglo XIX. Prusia era una monarquía absoluta, de modo que el rey y la aristocracia vivían aterrorizados por la idea de que les pasara lo que a Luis XVI y María Antonieta; aterrorizados por la idea de soberanía popular, de leyes hechas por el parlamento, etc. Pero al mismo tiempo no le hacían ascos al capitalismo, de modo que por una parte trataban de reprimir las innovaciones procedentes de la Revolución Francesa y por otra intentaban acabar con los componentes económicos precapitalistas de su sociedad que no les beneficiaban.

Estos «innovadores económicos» que eran al mismo tiempo «reaccionarios políticos» encontraron a su hombre en Savigny. Para empezar, como profesor muy versado en el Derecho Romano, escribió un panfleto titulado *Sobre la vocación de nuestro siglo para la legislación y la jurisprudencia* que trata de ridiculizar la idea de que el derecho pueda ser producto de la voluntad del pueblo, o sea, que las leyes pueda hacerlas un parlamento elegido. Defiende, naturalmente, que los cambios legislativos han de ser lentísimos y casi imperceptibles, pues considera el derecho como una especie de sedimentación cristalográfica de la «historia», compuesto más de prácticas que de la voluntad de las personas. Y sienta el principio de que lo que hay que hacer no es legislar, ni dar derecho nuevo, sino estudiar la historia del derecho existente y si acaso pulirlo, limarlo, mediante sabias enseñanzas e interpretaciones jurisprudenciales.

Como ministro de justicia del rey de Prusia se apresuró a limar y pulir el derecho... con leyes que difícilmente hubiera aprobado un parlamento elegido: por ejemplo, convirtió en delito la tradicional práctica precapitalista campesina de cortar leña de los bosques para calentarse, el delito de robo de leña. Imagínatelo: los campesinos, poco más que autoabasteciéndose, sin economía dineraria, tenían que pagar por la leña a los amos de los bosques, a la aristocracia *junker,* si no querían ir a la cárcel o ser azotados. Y además hizo leyes de censura de imprenta, no fuera que la gente pensara y dijera inconveniencias. La relación entre la teoría y la práctica jurídicas de Savigny fue, realmente, muy peculiar.

El historicismo políticamente inmovilista de Savigny fue bien recibido en España ¡y por lo menos dos veces! Una en la órbita del más estricto tradicionalismo católico a lo Torras i Bages, el ínclito obispo de Vic que suministró (y en cierto modo aún suministra) el grueso de la munición ideológica de la derecha conservadora catalana. Los juristas de la Universidad de Cervera (Durán i Bas a la cabeza) veían en la doctrina de Savigny la manera de rescatar el derecho histórico catalán liquidado por los Decretos de Nueva Planta de Felipe V. La llamada «escuela histórica del Derecho» empezó a ser bien vista aquí, tanto por los historiadores catalanes como también —cuando en España la revolución burguesa, pese a la industrialización, no acababa de consumarse políticamente— por los historiadores del nacionalismo españolista. Como ya habrás imaginado, la segunda «recepción» de Savigny la produjo el franquismo (sobre la base del prestigio académico preexistente de la escuela histórica), pues se trataba de una ideología político-jurídica que casaba bien con un régimen autoritario y capitalista que además llamaba «Fueros» a sus leyes fundamentales...

De modo que los historiadores del derecho españoles quedaron en general deslumbrados por la Escuela histórica de Savigny (hecho por otra parte inevitable, pues si no quedaban adecuadamente deslumbrados suspendían sus oposiciones). Y cultivaron una historia jurídica de detalle, apoyada en una intensísima y extensísima investigación documental, que se entretiene en las más remotas interpretaciones hipotéticas del Código de Eurico, avanza en las variedades institucionales de los distintos reinos del pasado peninsular (aunque de momento sólo los cristianos), estudia la monarquía absolutista —como hace excelentemente F. Tomás y Valiente con su derecho penal— y alcanza a los Decretos de Nueva Planta...

EL APRENDIZAJE DEL APRENDIZAJE

No interesa si la investigación de los historiadores del derecho consigue o no pasar de aquí: lo que *siempre* se detiene aquí (pues no hay tiempo ni interés para más) es la exposición de la historia del derecho español a los estudiantes y lo que éstos han de saber para aprobar la dichosa «Historia del Derecho». Éste es el problema.

* * *

En España la enseñanza de la «Historia del Derecho» consigue en primer lugar que los estudiantes aprendan un derecho sin historia. Y en segundo lugar que los estudiantes crean que saben más historia que la que necesitan.

Los estudiantes acaban creyendo que saben más historia que la que necesitan: pues han tenido que estudiar y memorizar las aportaciones jurídicas de los distintos invasores de la península, las instituciones de una multitud de reinos, con sus variantes, y su derivación histórica; la importancia medieval del *Llibre del Consolat de Mar* y de *Las Partidas*; el sistema de consejos de la monarquía absolutista; los problemas de la unificación del estado... Y todo esto adopta casi siempre la forma de una asignatura «hueso», difícil de aprobar, con la que tropiezan tan pronto como entran en la universidad, debido a la política del gremio de historiadores del derecho de mantener grados elevados de exigencia académica *para esto*. A la mayoría de los estudiantes le aburre esta disciplina.

Pero luego estudiarán, *sin saberlo,* un *derecho sin historia.* Pues el derecho penal *vigente* no tiene nada que ver con el absolutista, y si me apuran ni siquiera con Beccaria y la Ilustración. En el derecho positivo estudiado no hay *historia* de nada: la organización administrativa del estado —por ejemplo, la división provincial de Javier de Burgos— es del siglo XIX, como las consecuencias de la desamortización, como la mayoría de las Constituciones políticas, como el Código Civil, el de Comercio, o la excelente ley procesal de Alonso Martínez[28]... Y no se ha estudiado nada de *esta* historia. Toda la violencia del campo andaluz al menos desde la desamortización, y la forma en que se asignó la tierra a partir de ahí, con sus tremendas consecuencias políticas y sociales, incluso a largo plazo, para la vida de todas las familias no sólo de Andalucía sino de España entera; o las formas y conflictos de la industrialización (y la proletarización), con combates también jurídicos; o las dificultades para la instauración de un sistema político representativo; o la creación de una Hacienda

---

28. No debes perderte la «exposición de motivos» de esa ley: la ley de procedimiento penal.

pública moderna; o las vicisitudes de la electrificación (que suscitarían el célebre *caso de la Barcelona Traction*): todo pasa desapercibido. Los estudiantes creerán que las instituciones jurídicas que estudian son *meras formas neutras,* cuando su instauración ha sido objeto de una terrible lucha social en el pasado y son instrumentos de distribución del poder y de la riqueza en el presente; *neutras* sin que hayan aprendido a ver los compromisos que hay por debajo de ellas ni las consecuencias de sus distintas interpretaciones.

Por eso, en las Facultades de Derecho, se estudia un derecho carente de historia. Pues apenas es determinante para su presente lo que ocurrió en nuestro pasado remoto. Y que nadie les diga a los estudiantes de derecho que sobre todo han de estudiar historia, porque están hasta la coronilla de la Historia del Derecho.

Sin embargo la historia es necesaria. Creo que es Pierre Vilar (pero no he logrado encontrar la referencia exacta al escribir esto) quien dice que hay que ver la historia como a través de unos prismáticos invertidos, que interponen alguna distancia con lo más próximo y llevan lo lejano mucho más lejos. En esta indicación metodológica hay bastante verdad: por una parte, hay que poner cierta distancia entre uno y lo más proximo para que este distanciamiento permita verlo desde el punto de vista histórico; y, por otra parte, lo más próximo es más determinante en general para el presente que lo más lejano, a lo que hay que dar menos importancia (a la inversa de lo que hacen los historiadores savignyanos supradichos).

La metáfora de los prismáticos invertidos, sin embargo, no dice toda la verdad, pues la historia humana no es una línea continua, no hay un *continuum* histórico lineal, o, dicho de otra manera, la Historia no es una mera sucesión de hechos y de detalles. La historia relevante puede poner en contacto inmediato momentos muy distantes en el tiempo —de la misma manera que nos emocionamos al contemplar esculturas de la Grecia clásica o al entrar en un templo griego, que sonreímos al leer a Cervantes o gustamos unos versos de Juan de la Cruz, el más dulce poeta de la lengua castellana—. Hechos que ocurrieron hace más de quinientos años siguen pesando fuertemente para nosotros —la «limpieza étnica» de los Reyes Católicos: la expulsión de los judíos; la conquista violenta de América y el genocidio indígena—, mientras que series de acontecimientos más próximos en el tiempo (por ejemplo, el reinado de Fernando VI) parecen irrelevantes. Es el presente lo que proyecta su luz hacia el pasado y busca en él cómo orientarse; es el presente el que sintoniza con el pasado, y un presente distinto iluminaría, quizá, acontecimientos históricos distintos...

Para tu formación como persona adquirir la capacidad de adoptar un punto de vista histórico ante las cosas es fundamental. Es posible que te haya cansado la Historia del Derecho estudiada en la Facultad, de modo que estudiar más de lo mismo te venga cuesta arriba. De todos modos, mi sugerencia no es tanto que estudies específicamente la historia del derecho de los siglos XIX y XX como que estudies la historia reciente, de estos dos siglos principalmente. En otro lugar (en el capitulillo dedicado a las «Bibliografías») puedes encontrar indicaciones al respecto.

Además, *todo* tiene historia. De modo que si te lo quieres poner muy fácil puedes recurrir a estudiar la historia de algo a lo que seas aficionado. ¿La música? Pues historia de la música. ¿El arte, el deporte, la familia, la situación de la mujer en la sociedad, la formación de la conciencia sexista, los juegos, los usos amatorios, la educación, el empleo de la blasfemia en el habla popular de los españoles, la *quarta falcidia* en el derecho catalán...? Leer historia, como afición, para adquirir consciencia y perspectiva históricas. Pero deja ahora este libro —por favor— y medita lo que intento transmitirte: sin la capacidad para adoptar la perspectiva histórica —que se adquiere leyendo historia— tendrás pocas defensas contra la tergiversación y la mentira, pues te faltará un criterio y un modo de ver fundamental para enjuiciar el mundo social en que vivimos.

Sin perspectiva histórica lo terrible de nuestro mundo te parecerá *natural*, como un terremoto, o un accidente. La historia te enseñará en cambio que ha habido sociedades que en algún aspecto eran mejores que la nuestra, y también por qué se producen ciertas calamidades sociales, y qué han hecho otras personas como tú, en otras circunstancias, para luchar contra ellas.

Para no quedarse pasivamente mirándolas confiando en que el horror no llegará hasta donde estamos nosotros.

PLIEGO INTERCALADO IV

«... muy tarde en cuanto a fechas [...], ya con la Inquisición en pleno funcionamiento, hay una curiosa sentencia casi salomónica en un pleito entre judíos y cristianos, en Bembibre (León), donde los primeros habían construido una sinagoga de nueva planta, lo que disgustó a los segundos que entraron en tropel en el nuevo edificio ya dispuesto para el culto con el párroco a la cabeza. Éste llevaba consigo un mandamiento del obispo de Astorga y tomando la "tora e las otras cosas que para ornamento de la sinagoga" tenían allí los judíos, las lanzó a la calle, colocando en seguida en el lugar de la Torá una cruz y una imagen de la Virgen María y celebrando misa varios días seguidos. Pero, ante este atropello, intervino la Justicia del pueblo, que sacó la cruz y la imagen de la Virgen de donde estaban colocados y restableció en su lugar la Torá y las otras cosas. Así que los cristianos acudieron al Consejo Real, y éste nombró árbitro y Juez al obispo don Íñigo Manrique que decidió: 1) que los judíos habían levantado aquella sinagoga sin licencia y que "por aquesto justamente la merecieron perder"; 2) que una vez que esa sinagoga fue dedicada al culto cristiano nunca debió ser restituida a los judíos y debe quedar como iglesia cristiana; 3) que como el cura no «guardó la forma en tomar la dicha sinagoga porque primeramente los judíos debieran ser llamados según la forma del derecho, se le ordena construir en un plazo de seis meses una casa para los judíos de cinco tapias en alto y treinta y cinco pies de larga y veintiún de ancha, con maderamento llano sin pintura ni moldura, pero de madera bien labrada e buena».

José Jiménez Lozano, *Sobre judíos, moriscos y conversos*, Ámbito, Valladolid, 1989, p. 39.

LA ORGANIZACIÓN DE LA LICENCIATURA

No voy a contarte cómo están desorganizados en concreto los estudios de derecho, pero es conveniente tener una visión de conjunto acerca de lo que por lo común se hace en una Facultad de Derecho[29].
(Y algo, sin duda, se hace allí, que no es lo que parece.)
Hay que tener en cuenta, de todos modos, una cuestión previa. La Facultad de Derecho proporciona el título de licenciado en derecho, y, por tanto, en principio, forma «juristas» (aunque esto es mucho conceder): forma a gente con conocimientos jurídicos que, según se supone, se dedicará a las diversas profesiones jurídicas: de abogado (o procurador de los tribunales), o notario (o registrador de la propiedad), o juez, fiscal (o secretario judicial, u oficial de juzgado). Pero también suministra material para su aprendizaje a gentes que no pretenden profesionalizarse exactamente en esto, sino como simples funcionarios de las administraciones públicas o como administradores privados. Y están, además, los que ven los estudios jurídicos como una especie de surrealista prolongación del bachillerato, que consideran con horror el ejercicio de una profesión jurídica cualquiera.
Todas estas «expectativas de futuro», además, por oscuras e informuladas que sean, se dan en la Facultad en sus diferentes grados. Esto es: pasan por ella quien será un abogado capaz de hacerse cargo de casos complejos y el humilde administrador; el futuro (o no tan futuro) mafioso abogado de mafiosos y diversas especies de fun-

---

29. Si estás *muy* interesado en el tema puedes recurrir al libro editado por Juan José Gil Cremades, *La enseñanza del Derecho*, Institución «Fernando el Católico», Zaragoza, 1985.

cionarios, por no hablar de algún que otro poeta. Asunto que hay que tomar en consideración porque son los estudiantes —como intento exponer en otro lugar— más que los profesores, los que determinan el clima, el ambiente intelectual de un centro universitario.

El profesorado de la Facultad de Derecho, en general, mantiene viva una ficción al desarrollar sus sabias enseñanzas jurídicas. Una «ficción dramática» comúnmente aceptada a pesar de que todo el mundo —salvo, quizá, los estudiantes— es consciente de su falsedad. Esa ficción se asienta en otra ficción menor, previa y menos importante. Las examinaremos una por una antes de abordar la «organización general» de la licenciatura.

La ficción «menor»: que la mayoría de las personas que siguen los estudios de derecho va a dedicarse a profesiones jurídicas, fundamentalmente, que ejercerá como abogado. (Lo cual, como queda expuesto más arriba, está por demostrar: es más bien una ínfima minoría de los licenciados en derecho la que se dedica luego a la abogacía.)

La falsedad más importante, la «ficción dramática» en torno a la cual se teje la enseñanza del derecho, es la idea de «juicio», de «proceso ante un Tribunal», como eje de la actuación de los abogados. Una ficción cultivada por el cine-entretenimiento[30] que le permite al profesorado cubrir piadosamente con el manto de la «épica forense» una desnudez profesional que se empeña en ocultar: simplemente, que los juristas no se ocupan de la justicia —como se pretende desde Ulpiano hasta la retórica oficial de los «Palacios *de Justicia*», de la «Administración *de Justicia*», etc.—; que se ocupan, más modestamente, de la legalidad. Y todo el mundo sabe, en las profesiones jurídicas, que la «actuación ante los Tribunales» es un componente menor, en realidad excepcional, de la actividad profesional. Que normalmente la actividad de un abogado no culmina en una representación dramática sino en la redacción de un escrito (dicho a la pata la llana: en escribir una papela), y que pocas veces tales escritos tienen como destinatario los órganos de la «Administración de *Justicia*».

Excepcionalmente los abogados han de ponerse una toga y representar, como actores, un papel; deben hacerlo convincentemente, y para ello, con imaginación —aunque parezca increíble—, han de haber analizado e hipotetizado todas las posibilidades de la legalidad. Pero el trabajo normal de los abogados, aunque esto no sea lo que se cuenta en la Facultad, consiste en resolverles a los particulares problemas de la vida cotidiana: en resolver trámites complejos, en negociar en su nombre con otros abogados o particulares y con

---

30. Y a veces también por el cine: por ejemplo, en *Doce hombres sin piedad* (1975) de S. Lumet.

las administraciones públicas. Y consiste, sobre todo, en crear una legalidad particular para las relaciones entre ciudadanos que quieren realizar juntos alguna actividad, corriendo unos con ciertos riesgos y otros con los demás, etc. El trabajo de los abogados, que toma o debería tomar en consideración no sólo la legalidad sino también el tráfico económico, las relaciones sociales reales, sus riesgos y sus incertidumbres —e igualmente la naturaleza y la psicología humanas—, consiste en *componer,* en buscar acuerdos, en resolver problemas —inventando si es necesario una regla a la que atenerse—; consiste en configurar formalmente situaciones que los involucrados en ellas no atinan a ver con distancia por sí mismos.

Sólo si las reglas fallan, si el arreglo entre los particulares no se logra, se recurre —perdiendo sobre todo tiempo y no poco dinero, para llegar a una solución difícilmente satisfactoria de verdad—, a los procesos judiciales.

Al estudiar, al seguir los cursos, conviene tener en cuenta esta particularidad de la práctica jurídica. Y tener en la mente, más que el proceso judicial, los principios básicos de las relaciones sociales y los problemas de la negociación de intereses.

* * *

La organización material en asignaturas, en disciplinas, de la licenciatura en derecho, se basa en la vieja distinción entre Derecho Público y Derecho Privado. En realidad las materias de estos estudios pueden distribuirse en las tres categorías siguientes: materias de Derecho Público, materias de Derecho Privado y materias preparatorias y complementarias.

En contra de lo que probablemente das por supuesto —o en contra de lo que la mayoría de los profesores suponen—, las materias más interesantes y formativas de la licenciatura son justamente las últimas: las materias consideradas «preparatorias» o «complementarias». Sin ellas, aprender las demás es a la vez como adquirir una moto cuando ni se sabe montar en bicicleta y *también* ir en moto sin saber siquiera si se está en un camino, en una carretera, acera, callejón sin salida o camino del hospital. Por supuesto, me refiero a las materias «formativas» en sí mismas, sin tomar en consideración cómo se enseñan, y suponiendo que las quieras aprender, esto es, adentrarte en ellas.

La *Historia del Derecho* tendría que permitir adoptar normalmente la perspectiva histórica, al igual que el *Derecho Romano.* La *Teoría del Derecho* (una denominación completamente descabellada y sin fundamento, pues por una parte hay numerosas *teorías* acerca del derecho —y no una sola—, y por otra parte esas denominadas *teorías* no son tales, sino *doctrinas*) tendría que permitir un distanciamiento analítico de los fenómenos jurídicos, un distanciamiento diferente del que se obtiene mediante la perspectiva histórica, en virtud del cual se tornan observables los valores, los hechos culturales y las relaciones de poder social y político existentes tras una determinada configuración de las relaciones jurídicas. Todo lo cual, como comprenderás, no es poco. Al final de la licenciatura, cuando ya se tienen algunos conocimientos técnico-jurídicos, la *Filosofía del Derecho* tendría que permitir el filosofar, esto es, saber examinar los presupuestos del lenguaje que se usa y contemplar críticamente la relación entre las técnicas y doctrinas jurídicas y el resto del mundo histórico.

Otra disciplina complementaria la constituye el estudio de los rudimentos de la *Economía Política* (mal llamada últimamente, debido a la influencia de la ideología neoliberal, *teoría* económica). También es muy poco lo que un solo curso de esta disciplina les proporciona a los estudiantes; un curso que se suele explicar por encima, además, aduciendo que los estudiantes de derecho no saben matemáticas. Para comprender los teoremas económicos fundamentales, no más complicados que el de Pitágoras, sólo se precisa sin embargo el coeficiente intelectual corriente (el común, ése con el que la gente sigue tanto la enseñanza de Formación Profesional como la universitaria —pues, aunque no todo el mundo lo admite, que se siga una u otra sólo tiene que ver con los medios de la familia de origen y con su cultura—). El cultivo de la lectura en materia de temas económicos es muy aconsejable; en otro lugar se puede encontrar orientación bibliográfica en este sentido.

Con esto el repertorio de las disciplinas formativas y complementarias queda prácticamente agotado, salvo que entre las llamadas disciplinas *optativas* (que sirven más para justificar horas de trabajo del profesorado que para facilitar el aprendizaje) figure alguna otra.

Los sucesivos cursos contienen principalmente asignaturas de Derecho Privado y, en mucho menor medida, de Derecho Público. Se supone que el Derecho Privado es la columna vertebral del aprendizaje y, dentro de éste, en las Facultades de Derecho se dicta un número desmesurado de cursos de Derecho Civil: prácticamente hay una materia de Derecho Civil en cada curso de la carrera, independientemente que los cursos se cuenten por años, por semestres o por trimestres (académicamente, estas dos últimas categorías reciben el poco preciso nombre de «cuatrimestres»). El empacho de Derecho Civil que se impone a los estudiantes va en detrimento no sólo del Derecho Público, sino también de la parte más sustancial del Derecho Privado, o sea, el Derecho Mercantil (en el que se estudian las sociedades anónimas, los instrumentos de crédito y el seguro, es decir, lo verdaderamente relevante para el aspecto jurídico privado de las relaciones económicas).

El predominio del Derecho Civil dentro del Derecho Privado no obedece a ninguna racionalidad teórica o docente, sino sólo a una de las servidumbres bastardas características de los mandarinatos funcionariales, en este caso el gran poder del gremio académico de los civilistas, muy superior al de los mercantilistas. Aunque cueste creerlo, en las Facultades de Derecho se sigue dando a una figura jurídica como la hipoteca mucha más importancia que a cualquier otro instrumento financiero. Eso por no hablar de las horas obligatorias que consume el derecho de familia y sucesorio. En fin: no cuento todo esto para desanimar, sino para que, si se quiere aprender, se aprenda en primer lugar a relativizar y reordenar la jerarquía de lo que se le enseña a uno/una. No olvidar nunca que son asunto distinto el aprender y el enseñar. La lógica que desgraciadamente preside las Facultades de Derecho es la de las conveniencias de quienes enseñan, no las necesidades de quienes aprenden.

Por otra parte, el Derecho Privado queda en cierto modo mutilado si se ignoran los procedimientos —el Derecho Procesal— necesarios para hacerlo valer. El procedimiento influye extraordinariamente en *el coste* del empleo de unas u otras construcciones formales, jurídicas, de las relaciones sociales. Los procedimientos y, más en general, los *formalismos,* cuestan tiempo y dinero. A veces sólo *compensan* a los abogados y demás especialistas que intervienen en ellos.

El Derecho Público está infrarrepresentado en la licenciatura en derecho, construida inicialmente en torno al Derecho Privado, y eso resulta particularmente funesto en una época en que la regulación (incluyendo lo que se llama «desregulación») pública del mercado es manifiestamente omnipresente. Dicho de otro modo: en el mundo contemporáneo prácticamente no existen actividades económicas puramente privadas, sino que las relaciones sociales aparecen crecientemente mediadas por las administraciones públicas o encuadradas por ellas. En el pasado, por ejemplo, era posible construir, plantar o destruir si uno era propietario de una finca (de un «predio», como se dice algo repijoleramente). Hoy no. Las administraciones públicas, los planes de urbanismo, los cultivos permitidos, etc., tienen algo que decir al respecto. Ese algo que decir es Derecho Público, que lo invade todo, todo, con una importante excepción: los planes de estudio de la licenciatura en derecho, donde está casi limitado a un par de cursos de Derecho Administrativo y alguno de Derecho Constitucional y ocupa un lugar aún marginal en relación con su importancia real.

Es más: una parte muy destacada del Derecho Público que se enseña es el Derecho Penal. Una disciplina muy atractiva, que suele gustar a los estudiantes. En cierto modo el Derecho Penal, con su corrección formal, su claridad y el garantismo jurídico que hasta ahora lo inspira contribuye más que ninguna otra cosa, en las Facultades, a crear una buena conciencia ideológica profesional. Es una lástima que a la hora de la verdad todo esto sea una farsa. El Derecho Penal prácticamente no se aplica más que a los delincuentes menores, de las clases bajas, o a gentes que han tenido neurosis o momentos de locura. Los delincuentes «de cuello blanco» únicamente van a parar a la cárcel, y por lo común sólo por unos días (antes de que sus abogados les saquen y su prensa adicta les presente como mártires incomprendidos), cuando además de criminales son rematadamente estúpidos. No hay que dejarse engañar por el atractivo del Derecho Penal *sobre el papel*: en realidad, *todavía* no se cumple. La ley penal no se aplica igual para todos.

[Tus profesores de Derecho Penal, a poca cordura que tengan, admitirán que esto es cierto. Y a continuación te dirán que lo que necesitas es saber Derecho Penal para poder hacer que se cumpla la ley. Lo cual es verdad, pero no basta. Un interesante ejercicio sería plantearse en general la cuestión siguiente: ¿son suficientes los medios jurídicos para hacer cumplir la ley? Si la ley es técnicamente correcta y no se cumple, ¿a qué medios hay que recurrir, hablando seriamente, para hacerla cumplir? ¿Existen esos medios?]

Precisamente los mecanismos sociales que permiten eludir el Derecho Penal al criminal «de cuello blanco» constituyen un problema serio para la supervivencia de la principal conquista del Derecho Penal: lo que se conoce como *garantismo* jurídico. Imagínate que alguien muy parecido a ti ha cometido un asesinato «por divertirse» (como ocurre a veces en esta enloquecida jungla en que vivimos), y que alguien *cree* reconocer en ti al autor del crimen. ¿No querrías que hubiera mecanismos que *garantizaran* que no vas a ser condenado más que si hay pruebas irrefutables en contra tuya? Pues bien: nuestro Derecho Penal es garantista, para proteger a los inocentes (que son los más); pero ese garantismo también facilita los ardides de los culpables, sobre todo si son gente poderosa. Por esta razón muchas personas con reacciones primarias (que no tienen en cuenta la posibilidad de que haya policías corruptos, o gentes vengativas y retorcidas, o que hay gente que simplemente se equivoca, etc.) clama contra el garantismo y pide *eficacia* cada vez que un sinvergüenza manifiesto elude la condena penal o ésta es pequeña: eficacia por encima de las garantías. Te tocará vivir una época en que habrá que ser, en algunas materias, jurídicamente conservador —conservar mecanismos valiosos, como las garantías procesales— para no recaer en una penalidad brutal que nunca se ha llegado a extirpar enteramente. Te asombrará conocer cómo es aún el Derecho Penal de algunos de los civilizadísimos Estados Unidos de América. Cómo se puede parecer «el modelo» a la idea de derecho penal de los nazis, esto es, a una idea de derecho penal que es en sí misma criminal[31].

* * *

La licenciatura no está organizada para facilitar tu aprendizaje. Éste no debe ser esclavo de la organización oficial de los estudios, a pesar de todas las tiranías que —empezando por los exámenes— tratarán de someterte a ella. El aprendizaje, en realidad, has de organizarlo tú. Para empezar, has de dedicar algo de tiempo a cuestiones *esenciales* que no figuran en parte alguna en la organización de la licenciatura.

Por ejemplo, las cuestiones instrumentales. Entre ellas están sobre todo *los idiomas*. Alguno lo posees ya, al menos en un grado rudimentario, por la enseñanza media. Se trata de no perder tu inglés o tu francés; de ampliarlo, por el contrario, para lo que hay que dedicar sistemáticamente un poco de tiempo a leer y hablar (o ver cine, por ejemplo) en el idioma que ya se posee.

Y también hay que empezar a cultivar alguna lengua más. Alguna para dominarla por completo, como el idioma que se empieza a tener a la propia disposición por el bachillerato; otras, al menos para ser capaz de *leer* simplemente textos en esa lengua, sin aprender a hablarla. El aprendizaje de los idiomas, que resulta fuertemente compensatorio, es una cuestión de paciencia y regularidad. Bastan pocos minutos —un cuarto de hora, quizá— pero, eso sí, diariamente. O la asistencia regular, durante una hora semanal, a algún centro de enseñanza. Pero el objetivo podría ser terminar la licenciatura dominando al menos un par de idiomas —y *leyendo* un tercero— además de la lengua propia (o las lenguas propias, tanto si eres de alguna comunidad bilingüe como si no lo eres: en este último caso aprender alguna de las otras lenguas peninsulares será simplemente anticiparse a algo que se impondrá con el tiempo).

Más en general, además de los idiomas, es necesario convertirse en una persona culta. Eso significa dedicar bastante tiempo no ya al estudio, sino a la pura y simple lectura.

La lectura, este placer, puede convertirse en algo diabólicamente complicado en un mundo dominado por los audiovisuales. Los audiovisuales pueden ser, en el mejor de los casos, muy sugestivos y sensuales, ideales para relatar historias verdaderas o falsas; pero hoy no son aptos para la expresión teorética, para expresar la duda —y

---

31. Se puede recurrir a la lectura de Michel Foucault, *Vigilar y castigar* (trad. castellana, Siglo XXI, Madrid, 1976) para una aproximación al derecho penal problemática y fecunda.

la reflexión, por tanto—, y tampoco pueden transmitir precisión conceptual.

Los audiovisuales sirven fundamentalmente para *entretener* —eso, al menos, exige de ellos la industria de la publicidad que sostiene esos medios—, y por tanto tienen una capacidad de atracción que una persona culta necesita superar. Hay que mantenerse alejado de ellos (justo lo contrario de lo que hace la gente que hasta pasea conectada al audio, dejando colonizar su cerebro por otros, como aquellos viejos esclavos a los que la emancipación les llegaba ya muy mayores y eran incapaces de alejarse del antiguo amo). Mientras no cambien mucho las cosas hay que suponer que la TV y la música comercial son sólo algo útil para mantener localizados a los niños y adolescentes y entretenidos a los jubilados. Empero, cuando empieza a desvanecerse la adolescencia, empieza la aventura del pensamiento y se afianza la libertad de la lectura.

CÓMO ESTUDIAR DERECHO SIN HASTIARSE

Lo que sigue puede parecerte audaz o precipitado si hace poco que has empezado a ir a la Facultad o si aún no has entrado en ella. Te recomiendo, por tanto, que releas lo que sigue unos meses después de haber iniciado la licenciatura. Tal vez mis indicaciones resulten entonces menos enigmáticas.
Normalmente los estudiantes de derecho resisten bien los dos primeros cursos de la licenciatura. Luego, de pronto, se encuentran perdidos en un paisaje desagradable y hostil. La tentación de abandonar es fuerte. Pero finalmente adoptan estrategias racionales de aprendizaje, como la que a continuación se propone, y logran sobrevivir.
Se trata de lo siguiente:
Ir a la Facultad lo imprescindible. Si se entra en un aula, que sea porque lo que se explica lo merece o porque resulta del todo necesario para aprobar. Un vistazo basta para saber qué exige cada profesor desde ese punto de vista miserable. No pretender aprender y tener buenas notas al mismo tiempo, pues ambas cosas son en realidad casi incompatibles. Emplear el tiempo, preferentemente, en la biblioteca. No memorizar, sino reflexionar. No contagiarse con las angustias y neuras de los demás con *sus* problemas de estudio, pero tratar de estudiar conjuntamente con alguna persona despierta y responsable, poniendo trabajo en común (tal vez se puede colaborar con más de una persona, pero el aprendizaje, no hay que olvidarlo, es individual). Contactar con algún buen profesor o profesora y discutir los proyectos y la marcha del aprendizaje.
Y, además, aprender de material no jurídico: de los relatos cinematográficos, de la pintura, de cursos o conferencias de otras facultades. Sobre todo, de la lectura; y del saber estar en soledad.

[Si se pretende ejercer de abogado, hay que buscar algún bufete, a partir del segundo o tercer año de estudios, para aprender la práctica jurídica real a cambio de prestar trabajo casi gratuitamente. La condición inexcusable es que el abogado principal sea una persona cabal, moralmente recta. Pese a que a veces parezca lo contrario, los sinvergüenzas no tienen nada que enseñar. Por fortuna, a éstos se les reconoce fácilmente: por sus clientes, que son, claro es, sinvergüenzas como ellos. Bien es verdad que todo el mundo, hasta el peor delincuente, tiene derecho a ser defendido; mas Dios los cría y ellos se juntan, que dice el refrán.]

Una posibilidad de aprendizaje práctico bastante atractiva consiste en prestar gratuitamente trabajo jurídico en alguna asociación de vecinos u organización no gubernamental, donde casi siempre los abogados (que a su vez suelen trabajar también gratuitamente) necesitan ayuda y enseñan el *cómo se hace* en un ambiente de voluntariado.

Una república bien organizada podría cerrar las Facultades de Derecho durante años, si no para siempre, sin grave daño social.

PLIEGO INTERCALADO V

El ciruelo

Hay en mi patio un ciruelo
que no se encuentra menor.
Para que nadie le pise
lleva reja alrededor.

Aunque no puede crecer
él sueña con ser mayor.
Pero nunca podrá serlo
teniendo tan poco sol.

Duda si será ciruelo
porque ciruelas no da;
mas se conoce en la hoja
que es ciruelo de verdad.

Bertolt Brecht

UN BRILLANTE PORVENIR

Cuando ya había aparecido la primera edición de este libro, un colega y amigo me hizo ver que, en el fondo, el libro era *optimista*, o al menos producía esa impresión. Lo cierto es que la observación me dejó prácticamente anonadado, o, como se dice ahora, *fundido*: no he pretendido hacer un libro *mentiroso*, y, la verdad, no puede decirse que a los estudiantes de hoy (salvo los miembros de esas familias insumergibles, que se las arreglan para sobrenadar en los estratos superiores de la sociedad pese a todos los cambios políticos y sociales) les aguarde, precisamente, un *brillante* porvenir.

Y no porque su futuro profesional haya de ser en general más difícil que el de quienes carecen de estudios superiores, pues para éstos la incertidumbre y las dificultades sin duda serán mayores, y además las vivirán —lo que es peor— con menos recursos culturales. El futuro es incierto porque los cambios que introduce en el mundo la tercera revolución industrial en las condiciones impuestas por el predominio político y cultural del neoliberalismo empeoran la situación de *todos* los trabajadores en *todos* los mercados de trabajo —con la excepción, naturalmente, del mercado de trabajo de los *tiburones,* sin que sirva de gran consuelo que los tiburones preferidos por el neoliberalismo sean los de usar y tirar.

Debería decir, por tanto, que los estudiantes verdaderamente inteligentes y moralmente consistentes no lo tienen fácil. Lo tienen, incluso, materialmente peor que los que son algo menos listos y están dispuestos a ser obedientes; peor que los que ceden al compromiso de tiburonear *aunque sólo un poco*... Pero sólo materialmente. Desde otro punto de vista, recomponer cada mañana ante el espejo la confianza y las ilusiones en *este* sistema debe resultar muy laborioso y altamente destructor.

En cualquier caso: para que el lector se haga una idea de cómo puede endurecerse el mercado de trabajo para los licenciados, en derecho o incluso en asuntos muy de moda, transcribo, a continuación, algunas de las líneas que me hizo llegar en forma de carta un joven licenciado, Rafael O., a quien yo recordaba como un estudiante excelente: como un estudiante, en el buen sentido de la palabra, bueno. Se mostraba capaz de resistir.

Quien habla, pues, ya no soy yo (ni mi casa es ya mi casa):

> Ya llegaba tarde y me empezaba a *inquietar* cuando vi que se acercaba el autobús de la línea 64. Venía bastante lleno y por un momento pensé en dejarlo pasar, pero miré previsoramente Aribau arriba, vi el tráfico atascado y *decidí* subirme. Practiqué un poco de *surf* al no poder asirme a ninguna parte y pensé en la ventaja de no compartir los sudores impregnados en las barras. Me *asusta* creer que tal pensamiento higiénico no sea una «insolidaridad de circunstancias», y que yo soy un antigregario; quizá no sea más que una manifestación de la inseguridad que es la vida misma, y que lleva a la realización de las actividades más peregrinas pensando que con ellas nos protegemos —en este caso, de alguna bacteria gripal—. Absurdo despilfarro de energía, esa actitud. Observaba a la gente. Considero esta línea de autobús una «línea caliente»: no por motivos eróticos, sino porque va desde la Barceloneta hasta Pedralbes, de modo que uno se sube al principio en un barrio humilde y en cuarenta y cinco minutos *recorre* toda la escala social y se baja en un barrio de *well-off*. Me situé al lado de dos hombres que pasaban de los sesenta y mantenían una conversación. ¡Claro, cómo no, sobre Derecho! Intuí que mis oídos me habían arrastrado subliminalmente hasta allí. Presté atención. Eran dos abogados, y uno de ellos además profesor de la universidad. Nada menos me tocó —*a mí*— escuchar lo que uno decía: que cómo está de mal para los jóvenes que acaban la carrera de Derecho insertarse profesionalmente, que si hay inflación de titulados, que si mucha competencia, que si son muy *duros* los estudios, que si a sus *hijos* les ha costado *mucho trabajo* llegar a ejercer. Yo callado. Pensé en irme hacia otro lado del autobús, pero el morbo me pudo. Seguí escuchando. Incluso pensé que podría haber llevado encima mi currículum y habérselo ofrecido (hay que recordar que eran abogados que iban a la parte alta —física y socialmente; ¿moralmente?—), cosa que además de lo mencionado en el currículum mismo hubiera mostrado carácter extrovertido y *don de gentes* —como piden en los anuncios de ofertas de empleo—. Pero aparté estos pensamientos y volví a seguir la conversación. «... Claro, claro, ahora está tan masificada la universidad, hay tanta competitividad [y por eso a sus hijos les ha costado tanto esfuerzo] porque ahora todas [¿?] las clases sociales tienen acceso y antes sólo estudiábamos los de una clase social determinada». El aire de autosuficiencia y nostalgia de tiempos pasados de perpetuación de estirpes de aquel rostro que me recordaba al de un presidente de club de fútbol me desencajó por dentro. La cosa se ponía interesante, de todos modos, y seguí haciendo de antropólogo urbano aficionado: «Además en la universidad los trabajadores de la administración tienen voto y esto entorpece la gestión del centro y las políticas académicas, pues la ley universitaria es del año 83 y claro, ya se sabe, el *boom* democrático de aquellos años...». Se acercaba la parada de Vía Augusta-Muntaner y tenía que bajarme. Una cosa me quedó

clara y otra no: la primera es que me alegré de no haber dado mi currículum, y la segunda que no comprendí qué hacían *aquéllos* en el autobús. Bajé y dejé pasar el tiempo en el banco de la misma parada (de algo ha de servir el *mobiliario urbano*), pues era la una del mediodía y no entro en el *curro* hasta y cuarto.

Retuve el episodio como pude pues no llevaba nada para tomar notas. Además me trajo a la memoria algunas clases suyas, y también otros recuerdos: algunos artículos que fui leyendo furtivamente mientras trabajaba gratuitamente para el Estado realizando la PSS, de los que me gustó especialmente *titulares de la prensa democrática,* o un saludo fugaz una tarde en la Rambla de Cataluña —luego pensé que podía haberle sugerido tomar un café juntos, pero me pilló descolocado pues salía de una óptica tras haberme *irritado* con unos líquidos para las lentes de contacto (¡hasta dónde llega la cultura del plástico!)—, y un libro de Kalinowski —*Lógica del discurso normativo*— que usted tradujo y yo compré en los *Encantes Viejos* de la plaza de les Glories (mejor será que no le diga el precio) guiado en principio por el título —en clase hacía usted hincapié en la necesidad del formalismo— para encontrarme con la sorpresa de la traducción... Miré el reloj y ya era hora de entrar en el *trabajo*. Me puse los cascos con micrófono incorporado y... a hacer de teleoperador para un producto de limpieza. Al igual que el economista y *master* fiscal sentado a mi lado, el filólogo del otro lado, el informático de más allá... Ya se sabe, el precario compartido se lleva mejor. Después de más de cien *curricula* enviados en tres meses, varias entrevistas, como el de al lado y el del otro lado... por fin, ¡un *trabajo*!... Contrato de obra por mes y medio, cuatro horas al mediodía, a quinientas la hora. No es por cantar las *miserias*: lo exteriorizo para conjurarlo.

—«Dixol» buenas tardes, ¿qué tipo de «Dixol» tiene usted en sus manos?

—Dígame el primer número del código de barras.

—Sí, esas rayitas que vienen juntas y tienen unos numeritos debajo.

—Bueno, si no ve bien dígame de qué color son las letras grandes en que está escrita la palabra «Dixol».

—Enhorabuena, acaba usted de ganar unas preciosa pulsera bañada en oro de 24 kilates que recibirá en su casa en unas cuatro semanas.

—Dígame su nombre [toma exhaustiva de datos].

—Gracias por llamarnos, recuerde que «Dixol» lava y ahorra más y siempre premia.

Ellos lo llaman seguir el «argumentario»; a mi la palabra me sonó rara desde el principio y la busqué en el diccionario de la Academia. No la recoge, pero en realidad ¡hay tantas que no recoge! Nos exigen atender un número determinado de llamadas. ¿Cómo lo consiguen? Publican unos *rankings* de llamadas atendidas por cada uno, fomentando la competitividad. Lo peor: los precarios se pican entre ellos —como en el cole—. ¿Y yo? Pues a seguir el juego. Uno se plantea los límites del precario, sobre todo a mí, que no me gusta hablar de carrerilla... Ya he encontrado la palabra adecuada que describe la actividad: fablistanear. Motivos oscuros llevan a ello: pago de una impresora para enviar curricula *bien presentados* o cuando menos que se note el ordenador, aportación familiar; que se note que uno no está en el paro porque no acepta determinados trabajos (aún hay gente que cree que si un licenciado está en paro es porque quiere); y, en última instancia, comprar mi *tiempo libre*. Pero mejor será regresar de este excurso.

Como había estado pensando en sus clases y en sus trabajos pensé que a la salida podría pasarme por la hemeroteca de la facultad y echar un vistazo a algún número de *mientras tanto,* pero finalmente me dio pereza. Cogí la misma línea de autobús, esta vez *de bajada,* hasta la Gran Vía. Entré en una librería de la zona de la Universidad y subí a la primera planta; en la humilde sección de Filosofía del Derecho, tras repasar los estantes, descubrí su libro *El aprendizaje del aprendizaje.* Pensé que resultaba curioso que el día terminara así. Ciertamente, me costó más que comprado en los *Encantes,* pero tal como está el patio editorial fue razonable. Bajé por la Rambla paseando, disfrutando de mi silencio circundado del bullicio y colorido exterior, tocando de vez en cuando el bolsillo de mi chaqueta para comprobar que el libro seguía allí, hasta un popular y viejo café de la misma Rambla. Me senté en una mesa y hojeé el libro con avidez; me encontré con una sorpresa excelente: una orientación bibliográfica. Leía la mitad del primer capítulo cuando apareció un amigo con el que me había citado allí. Otro «corpus iuris», también titulado, compañero de fatigas. Al examinar el libro me hizo un comentario. Cogí el libro y lo aseguré de nuevo en el bolsillo. A él le brillaban los ojos y tenía la risa fácil. Me contó que el jueves empezará el precario de agente censal por lo que cobrará una miseria, y que además se había encontrado con uno que dejó los estudios jurídicos a la mitad y que ahora trabaja en el aparato coercitivo del ayuntamiento ganando muchos billetes. Nos intercambiamos las historias y nos reímos un poco. Estaba cansado ya de tanto hablar después de la tanda anterior con el «Dixol». Me fui a casa a cenar. Tuve palpitaciones en el autobús, y algo de náuseas —realmente había hablado y caminado demasiado sin ingerir sólidos, y si tengo este envase, qué se le va a hacer—. Llegué, cené y me relajé.

En la cama devoré el resto del primer capítulo. *Fruta prohibida*: no queda claro si con este título, o subtítulo, apunta usted al *conocimiento* o a la *prohibición.* ¿O a las dos cosas? Además: ¿hay Edén normativo? Planteo preguntas ingenuas, es verdad; pero en cambio creo haber *aprendido* algunas de las consecuencias actuales del mordisco jurídico.

También pensé que el libro se podría haber publicado antes, pero las cosas no siempre coinciden.

Dixi quod dixit, et salvavi animam meam.

PLIEGO INTERCALADO VI

Hemisferio cerebral derecho de un estudiante de eso mismo.
Vista parcial

Tutela · Bona fides · Exequatur · Colación · Modo · Física · Iuris tantum · Traditio · Res · Usucapio · Forzosa · Contenciosa · Nulius · Iuris et de iure · Dolo · Letra · Norma · Negocio · Ley · Decreto Ley · Real Decreto Ley · BOE · Rómulo · Warrant · Remo · Artículo · Seminario · Título · Jurisprudencia · Examen · Interés · Litis · Aula · Matrimonio · Tercero de buena fe · Cabalmente · Apuntes · Cómputo · Principio General del Derecho · Pacta sunt servanda · Synalar nasal · Forma solemne · Connivencia · Elemento esencial · Consentimiento · Espíritu de la ley · Menor cuantía · Bien · Adveración · Seguridad Social · Tesina · Tribunal · Amigable composición · Interpretación · Rey · A beneficio de inventario · Sine qua non · Comentario · Costumbre · Cláusula · Terrateniente · Legado · Causa · Enfiteusis · Puente · Canje de notas · Estuviere · Latini deditici · Comisión · Comisión por omisión · Linde · Parágrafo segundo · Prácticas · Promesa · Suplir · Catastro · Solve et repete · Mixto · Reenvío · Directiva · Ordenanza · Tribunal de les Aigües · Hombre bueno · Codicilo · Frutos · Usucapir · Manumitir · Inmissio penis · Constitución · Si qua mulier · Discriminación inversa · Natur der Sache · Enriquecimiento injusto · Semoviente · Aforado · Meras faltas · Fungible · Indebido · Silencio administrativo · Quarta falcidia · Retracto · Estuprada · Bufete · Compilación · Mancomunada · Registro · Arrendamiento · Providencia · Ulpiano · Comodato · A resultas · Alzada · Expensas · Tomador · Entrañable · Diligencia · Imprudencia · Nueva Planta · Decretal · Honorable · Mostrenco · Caso · Prescripción · Vacatio legis · Testamento sacramental · Apaga y vámonos ·

[Visualización de V.M.V.]

BIBLIOGRAFÍAS

1. *Los buenos manuales de Derecho*

Bajo este epígrafe se reúnen algunas indicaciones bibliográficas buscando la calidad de los textos de estudio. Se puede recurrir a estas indicaciones, usándolas además de lo que recomiendan los profesores, o *en vez* de ellas si parece que la recomendación no está basada, por decirlo benévolamente, en criterios internos al aprendizaje. Pero ¡cuidado!: puede haberse colado algún gazapo, alguna trampa de mortal aburrimiento que es preciso descubrir. No hay más remedio, pues, que no confiar del todo en las recomendaciones: es necesario ver con los propios ojos.

No cometas el error de estudiar mediante «apuntes», que sólo son resúmenes hechos por no se sabe qué mano. Utiliza los manuales. No hay que comprarlos todos: para obtenerlos hay que recurrir a las bibliotecas públicas, que para eso están, y no olvidar que muchos de los libros que se mencionan aquí se pueden encontrar en Internet en edición electrónica.

Introducción al Derecho

Tengo la desfachatez de recomendarte unos libros míos: *Fruta prohibida*, preferiblemente la 5.ª edición revisada y ampliada (Trotta, Madrid, 2008), y *Elementos de análisis jurídico*, Trotta, Madrid, ⁵2008. *Fruta prohibida* es el libro que me hubiera gustado leer cuando empecé a estudiar Derecho. Otras lecturas pueden ser: M. RODRÍGUEZ FERRARA, *Comprendiendo el derecho*, Consejo de Publicaciones de la Universidad de los Andes, Mérida, 2006; C. S. NINO, *Introducción al análisis del derecho*, Ariel, Barcelona, 2006; L. PRIETO SANCHÍS, *Apuntes de teoría del Derecho*, Trotta, Madrid, ³2008, y AA. VV., *En el límite de los derechos*, Ediciones Universitarias de Barcelona, 1996.

Filosofía del Derecho y del Estado

A. Truyol y Serra, *Historia de la Filosofía del Derecho y del Estado*, Alianza, Madrid, 1995-2004, 3 vols.; P. Barcellona, *El individualismo propietario*, Trotta, Madrid, 1996; J. A. Estévez Araujo, *La crisis del estado de derecho liberal*, Ariel, Barcelona, ¹1989; P. Mercado, *El análisis económico del derecho*, Centro de Estudios Constitucionales, Madrid, 1994. Si no ha disgustado este libro, también cabe recurrir a J. R. Capella, *Los ciudadanos siervos*, Trotta, Madrid, ³2005, o *Entrada en la barbarie*, Trotta, Madrid, 2008.

Historia del Derecho

J. Lalinde Abadía, *Iniciación histórica al derecho español*, EUB, Barcelona, 2004 (sobre todo para la historia de aspectos particulares del derecho); F. Tomás y Valiente, *Manual de Historia del Derecho Español*, Tecnos, Madrid, ⁴1987. También pueden verse: B. Clavero, *Temas de Historia del Derecho*, Universidad de Sevilla, 1979; P. Anderson, *El Estado Absolutista* [1974], Madrid, Siglo XXI, ¹1979.

Derecho Romano

J. Iglesias, *Derecho Romano*, Ariel, Barcelona (numerosísimas ediciones); C. Rascón, *Síntesis de historia e instituciones de derecho romano*, Tecnos, Madrid, ²2007; W. Kunkel, *Historia del Derecho Romano*, Ariel, Barcelona, ⁹2000; F. Schulz, *Derecho Romano Clásico*, Bosch, Barcelona, ²1970, una obra fundamental.

Nociones de Economía

J. M. Naredo, *Historia y perspectivas de las categorías básicas del pensamiento económico*, Siglo XXI, Madrid, ³2003 (ed. ampliada); J. M. Naredo, *La economía en evolución*, Siglo XXI, Madrid, ²1996; A. Recio, *Trabajo, personas, mercados: manual de economía laboral*, Icaria, Barcelona, 1997; D. Anisi, *Trabajar con red*, Alianza, Madrid, ¹1981; A. O. Hirschmann, *Salida, voz y lealtad*, FCE, México, 1977; J. Galbraith, *La cultura de la satisfacción*, Ariel, Barcelona, 1992; L. Poyal e I. Gough, *Una teoría de la necesidad humana*, Icaria, Barcelona, 1994.

Derecho Constitucional

Para derechos fundamentales: L. M. Díez Picazo, *Sistema de derechos fundamentales*, Civitas, Madrid, 2003, y M. Aragón Reyes, *Estudios de derecho constitucional*, Centro de Estudios Constitucionales, Madrid, 1998. M. Fioravanti, *Los derechos fundamentales. Apuntes de historia de las constituciones*, Trotta, Madrid, ⁵2007. Se puede recurrir a la edición de *Leyes políticas* de la editorial Aranzadi, preparada por F. de Carreras. Para jurisprudencia constitucional, Internet, www.tribunalconstitucional.es. Una visión alternativa se encuentra en J. R. Capella (ed.), *Las sombras del sistema constitucional español*, Trotta, Madrid, 2003.

Derecho Civil

J. Puig Brutau, *Compendio de Derecho Civil*, Bosch, Barcelona, ³2006: la obra de un gran maestro que se recomienda con la mayor intensidad; puede ser la tabla de salvación para los estudiantes a quienes no gusta esta materia. También es un buen manual el de L. Díez Picazo, *Sistema de Derecho Civil*, Tecnos, Madrid, 2002-2006, varios vols., menos aburrido que otros y con calidad intelectual, aunque también, casi inevitablemente, un modo de ver muy conservador. Para aprender a fondo Derecho Civil hay que tener una buena edición del Código y recurrir, en las bibliotecas, a los grandes monstruos sagrados: a los *Fundamentos de Derecho Civil* de Puig Brutau, y a los Enneccerus, Laband, etc.: los grandes autores del pasado.

Derecho Mercantil

Para empezar, F. Galgano, *Historia del Derecho Mercantil*, Laia, Barcelona, 1984, e *Instituciones de la economía capitalista*, Ariel, Barcelona, 1990. Se puede recurrir también a los conocidos manuales de Broseta, Uría y Sánchez Calero. Vid. también L. Lessig, *El código y otras leyes del ciberespacio*, Taurus, Madrid, 2000, y J. Zittrain, *The future of Internet — And how stop it*, Harvard Law School, 2005 (edición para Kindle). Y F. Galgano, «Lex mercatoria, shopping del derecho y regulaciones contractuales en la época de los mercados globales», en *Revista de derecho mercantil*, 247 (2003).

Derecho Administrativo

E. García de Enterría - T. Ramón Fernández, *Curso de derecho administrativo I*, Civitas, Madrid, numerosas ediciones; M. Sánchez Morón, *Derecho administrativo. Parte general*, Tecnos, Madrid, ⁴2008; un excelente libro de un maestro: A. Nieto, *El derecho administrativo sancionador*, Tecnos, Madrid, ²1994 (ed. revisada); también J. M. Rodríguez de Santiago, *La ponderación de bienes e intereses en el derecho administrativo*, Marcial Pons, Madrid, 2000. Quien quiera especializarse debe recurrir a la *Revista de Administración Pública* (RAP) y a *Justicia administrativa*. Con el número 100 de la RAP se publicó en 1983 un libro que contenía treinta y cuatro artículos seleccionados de la revista: una joya. La mejor recopilación de *Leyes administrativas* (españolas) es la de L. Martín Rebollo (Aranzadi, Cizur Menor). En Internet se puede recurrir al Boletín Oficial del Estado (www.boe.es).

Derecho Penal

Ante todo: L. Ferrajoli, *Derecho y Razón* [1995], Trotta, Madrid, ⁹2009, lectura que merece ser meditada, al igual que C. Roxin, *Derecho Penal. Parte general,* Civitas, Madrid, 2008. También se puede recurrir a otros textos excelentes: S. Mir Puig, *Derecho Penal, parte general,* Reppertor, Barcelona, 2004; F. Muñoz Conde – M. García Arán, *Derecho Penal. Parte General,* Tirant lo Blanch, Valencia, ¹1993; de gran interés, G. Portilla, *El Derecho Penal entre el cosmopolitismo universalista y el relativismo postmodernista,* Tirant lo Blanch, Valencia, 2008; E. Gimbernat, *Concepto y método de la ciencia del derecho penal,* Tecnos, Madrid, 1999. Para el llamado «derecho penal del enemigo» pueden verse los trabajos de M. Cancio Meliá y J. M. Paredes Castañón.

Derecho del Trabajo

M. Alonso Olea, *Derecho del Trabajo,* Madrid, Universidad Complutense, numerosas ediciones; A. Baylos, *Derecho del Trabajo: modelo para armar,* Trotta, Madrid, 1991. Se puede ver también: J. López, *Un lado oculto de la flexibilidad salarial: el incremento de la judicialización,* Bomarzo, Albacete, 2009; M. R. Alarcón, *Comentarios a la ley general de seguridad social,* Aranzadi, 2003.

Derecho Procesal

J. Montero, M. Ortells, J. L. Gómez, *Derecho Jurisdiccional I,* Bosch, Barcelona, ²1991; M. Taruffo, *La prueba de los hechos,* Trotta, Madrid, ³2009. Vid. en Internet «Derecho Procesal».

Derecho Internacional

M. Diez de Velasco, *Instituciones de Derecho Internacional Público,* Tecnos, Madrid, ¹⁶2007; O. Casanovas i La Rosa, *Casos y Textos de Derecho Internacional Público,* Tecnos, Madrid, ⁴1990 —un volumen excelente, bastante insólito cuando casi nadie sabe contar *casos*—; J. A. Pastor Ridruejo, *Curso de Derecho Internacional Público y Organizaciones Internacionales,* Tecnos, Madrid, ⁵1994; y también, aunque es sólo una *parte general,* F. Mariño Menéndez, *Derecho Internacional Público (Parte General)* [1993], Trotta, Madrid, ⁴2005.

Derecho privado interestatal o «*Derecho Internacional Privado*»

Se puede recurrir a J. GONZÁLEZ CAMPOS y otros, *Derecho Internacional Privado. Parte especial*, Eurolex, Madrid, ⁶1995, y a J. C. FERNÁNDEZ ROZAS y S. SÁNCHEZ LORENZO, *Curso de derecho internacional privado*, Civitas, Madrid, ²1993.

Derecho comunitario europeo

M. PI LLORENS, *Los derechos fundamentales en el ordenamiento comunitario*, Ariel, Barcelona, 1999; L. MARTÍN RETORTILLO, *Vías concurrentes para la protección de los derechos humanos. Perspectivas españolas y europeas*, Civitas, Madrid, 2006.

2. *La buena literatura político-jurídica*

He aquí algunos textos que conviene leer si se busca un aprendizaje innovador; algunos no son exactamente «libros de derecho».
P. ANDRÉS IBÁÑEZ, *En torno a la jurisdicción*, Editores del Puerto, Buenos Aires, 2007; P. BARCELLONA, *Postmodernidad y comunidad*, Trotta, Madrid, ¹1993; E. CANETTI, *Masa y poder*, Muchnik, Barcelona, numerosas ediciones; L. CANFORA, *La democracia*, Crítica, Barcelona, 2004; L. DÍEZ PICAZO, *Experiencia jurídica y teoría del derecho*, Ariel, Barcelona, ³1999; R. DWORKIN, *Los derechos en serio*, Ariel, Barcelona, ²2002; M. FOUCAULT, *Vigilar y castigar*, Siglo XXI, Madrid, 1976 (también accesible en Internet); E. GARCÍA DE ENTERRÍA, *Revolución francesa y la administración contemporánea*, Civitas, Madrid, ⁴2005; J. HABERMAS, *Conciencia moral y acción comunicativa*, Trotta, Madrid, 2008; N. M.ª LÓPEZ CALERA, *Los nuevos leviatanes. Teoría de los sujetos colectivos*, Marcial Pons, Madrid, 2008; A. NIETO y A. GORDILLO, *Las limitaciones del conocimiento jurídico*, Trotta, Madrid, 2003; F. NOVALES, *El tazón de hierro*, Crítica, Barcelona, 1989; E. NOVOA MONREAL, *El derecho como obstáculo al cambio social*, Siglo XXI, México, ¹1975; S. RODOTÀ, *El terrible derecho*, Civitas, Madrid, 1987; J. VERGES, *La estrategia judicial de los procesos políticos*, Anagrama, Barcelona, ²2009...

3. *Algunos clásicos del pensamiento jurídico del siglo* XX

G. CALABRESI, *El coste de los accidentes*, Ariel, Barcelona, ¹1984; L. DUGUIT, *Las transformaciones del derecho*, Heliasta, Buenos Aires, 1975; PH. HECK, *The Jurisprudence of Interests*, Harvard University Press, 1948; E. H. KANTOROWICZ, *Los dos cuerpos del rey*, Alianza, Madrid, 1985; H. KANTOROWICZ, *La definición del derecho*, Revista de

Occidente, Madrid, 1964; H. KELSEN, *Teoría pura del derecho* [1960], UNAM, México, ²1982; *Escritos sobre la democracia y el socialismo*, Debate, Madrid, 1988 (se trata de una recopilación de J. Ruiz Manero; hay otras selecciones kelsenianas, como la de O. CORREAS, *El otro Kelsen*, UNAM, México, 1989, o incluso el fragmento de *¿Qué es Justicia?* de Kelsen publicado con el mismo título por A. Calsamiglia, Ariel, Barcelona, 1982); J. SALMOND, *Jurisprudence* [1902], Sweet & Maxwell, London (hay muchísimas ediciones, siendo particularmente recomendable la 11.ª, de 1957, preparada por G. Williams); C. SCHMITT, *El Nomos de la Tierra*, Centro de Estudios Constitucionales, Madrid, 1979 (el gran filósofo político de la extrema derecha); R. SERICK, *Apariencia y realidad de las sociedades mercantiles*, Ariel, Barcelona, 1958; G. TARELLO, *L'interpretazione della legge*, Giuffrè, Milano, ¹1980, etcétera.

4. *Antes de licenciarse conviene haber leído...*

W. BENJAMIN, *Calle en sentido único*, Alfaguara, Madrid, 1987; J. BERGER, *Mirar*, H. Blume, Barcelona, 1987 —un libro espléndido—; C. CASTORIADIS, *Hecho y por hacer*, Eudeba, Buenos Aires, 1998; I. EIBL-EIBESFELDT, *El hombre preprogramado*, Alianza, Madrid, 1977; S. FREUD, *El malestar en la cultura* [1930], numerosas ediciones; por ejemplo, Alianza, Madrid, ¹1970; M. HARRIS, *Vacas, cerdos, guerras y brujas*, Alianza, Madrid, ¹⁵1994; PRIMO LEVI, *Los hundidos y los salvados*, Muchnik, Barcelona, 1989; O. LEWIS, *Los hijos de Sánchez*, J. Mortiz, México, 1970; C. B. MACPHERSON, *La teoría política del individualismo posesivo*, Trotta, Madrid, 2005; K. MARX, *Manifiesto del Partido Comunista* [numerosísimas ediciones]; P. P. PASOLINI, *Cartas luteranas*, Trotta, Madrid, 1997; M. SACRISTÁN LUZÓN, *Ecologismo, pacifismo y política alternativa*, Icaria, Barcelona, 1985; T. TODOROV, *La vida en común*, Taurus, Madrid, 1995; M. WEBER, *La ética protestante y el origen del capitalismo* [1904; traducciones de L. Legaz, reeditada por Península, Barcelona, 1969, y de J. Almaraz y J. Carabaña, Taurus, Madrid, 1983, en el volumen *Ensayos de sociología de la religión* I]. Y, por supuesto, al menos un amplio vistazo a clásicos como *La República* de PLATÓN, *Leviathan* de HOBBES, *El Contrato Social* de ROUSSEAU, *De los delitos y las penas* de BECCARIA, etcétera.

5. *Un poco de historia...*

Para empezar: J. FONTANA, *Introducción al estudio de la historia*, Crítica, Barcelona, 1999, y también *Europa ante el espejo*, Crítica, Barcelona, 1994; P. VILAR, *Iniciación al vocabulario del análisis his-

tórico, Crítica, Barcelona, 1980. Si quieres leer a un gran historiador en acción, F. BRAUDEL, *El Mediterráneo y el mundo mediterráneo en la época de Felipe II*, FCE, México, 2001.

Historia de España: M. TUÑÓN, *La España del siglo XIX*, Laia, Barcelona, ¹²1982; R. CARR, *España, 1808-1975*, Ariel, Barcelona, ²1983 (y no estaría de más tomar en consideración al mismo tiempo los *Episodios Nacionales* de PÉREZ GALDÓS, *La Regenta* de CLARÍN, etc.); P. VILAR, *Historia de España*, Crítica, Barcelona, ²³1993.

Más en general: C. CIPOLLA, *Historia de la población mundial*, Crítica, Barcelona, 1989; de Europa: J. JOLL, *Historia de Europa desde 1970*, Alianza, Madrid, 1983; E. P. THOMPSON, *La formación de la clase obrera en Inglaterra*, Crítica, Barcelona, 1989, y *Tradición, revuelta y consciencia de clase*, Crítica, Barcelona, ²1984; E. J. HOBSBAWM, *Revolucionarios. Ensayos contemporáneos*, Ariel, Barcelona, 1978, y *El mundo del trabajo. Estudios históricos sobre la formación y evolución de la clase obrera*, Crítica, Barcelona, 1987.

Otras «historias»: E. H. GOMBRICH, *Historia del arte*, Alianza, Madrid; E. BRÉHIER, *Historia de la filosofía*, Sudamericana, Buenos Aires; J. BERNAL, *Historia social de la ciencia*, Península, Barcelona. Las tres obras con numerosas ediciones.

6. *Cuestiones sociales actuales*

6.1. *Bibliografía ecologista básica*: E. GARCÍA, *Medio ambiente y sociedad*, Alianza, Madrid, 2004; J. SEMPERE, *Mejor con menos*, Crítica, Barcelona, 2009; J. L. GORDILLO (ed.), *La protección de los bienes comunes de la humanidad*, Trotta, Madrid, 2006. Vid. también: WORLDWATCH INSTITUTE (L. R. BROWN y otros), anuarios relativos a *La situación en el mundo*: editados en castellano de 1991 en adelante, algunos de ellos por Apóstrofe, Madrid. Cabe recurrir también a: *Cambio climático. Voces de comunidades afectadas por el cambio climático*, Amigos de la Tierra Internacional, Amsterdam. [Publicación accesible en Internet: http://www.foei.org/es/publications/]

6.2. *Bibliografía antisexista básica*: revista *mientras tanto* (Barcelona), n.º 107 (2008), *Aproximaciones anómicas al campo del género*, así como n.º 48 (1992), dedicado al feminismo. P. BOURDIEU, *La dominación masculina*, Anagrama, Barcelona, 2000; S. BENHABIB y D. CORNELL (eds.), *Teoría feminista y teoría crítica*, Alfons el Magnànim, Valencia, 1990; C. AMORÓS, *Crítica de la razón patriarcal*, Anthropos, Barcelona, 1985; V. WOOLF, *Tres guineas* [1938], Lumen,

Barcelona, ²1983. Por otra parte: R. BLY, *Iron John*, Vintage Books, New York, 1992; D. D. GILMORE, *Hacerse hombre. Concepciones culturales de la masculinidad*, Paidós, Barcelona, 1994; I. MAGLI, *La sessualitá maschile*, Mondadori, Milano, 1989; J. SNODGRASS (ed.), *For men against sexism*, Times Change Press, New York, 1977...

6.3. *Bibliografía sobre pacifismo y no-violencia*: J. L. GORDILLO, *Nostalgia de otro futuro*, Trotta, Madrid, 2008, y *La objeción de conciencia*, Paidós, Barcelona, ¹1993; J. M. MULLER, *Estrategia de la acción no violenta*, Hogar del Libro, Barcelona, 1980; A. RUBIO (ed.), *Presupuestos teóricos y éticos sobre la paz*, Universidad de Granada, 1993; A. BOSERUP y A. MACK, *Guerra sin armas. La no violencia en la defensa nacional*, Fontamara, Barcelona, 1985; P. IBARRA (ed.), *Objeción e insumisión*, Fundamentos, Madrid, 1992; G. ESCOBAR ROCA, *La objeción de conciencia en la Constitución española*, Centro de Estudios Constitucionales, Madrid, 1993; y, por otra parte, por ejemplo, *El genocidio bosnio*, Libros de la Catarata, Madrid, 1996.

6.4. *Multiculturalismo y países pobres*: revista *Anales de la Cátedra Francisco Suárez* (Granada), n.º 31 (1994), monográfico sobre «Multiculturalismo y diferencia»; E. TODD, *El destino de los inmigrantes*, Tusquets, Barcelona, 1996; H. SILVEIRA, «Con los ojos bajos», en *mientras tanto*, n.º 58 y 59, 1994; S. LATOUCHE, *El planeta de los náufragos*, Acento, Madrid, 1993; S. GEORGE, *El bumerang de la deuda*, Deriva, Barcelona, 1993; J. DE LUCAS, *Europa, ¿convivir con la diferencia?*, Tecnos, Madrid, 1992, y *El desafío de las fronteras*, Temas de Hoy, Madrid, 1994; M. WIEVIORKA, *El espacio del racismo*, Paidós, Barcelona, 1992.

* * *

Cabe la posibilidad de que como resultado de la polución audiovisual seas una persona carente del hábito de leer. En tal caso *necesitas* adquirir ese hábito; acostumbrarse a tratar con *libros* tiene prioridad sobre cualquier otro objetivo, incluyendo aprobar el curso. Si no estás dispuesto a convertirte en un *lector*, primero de letra *impresa* y luego de otras cosas (al final de la lista de las cuales cosas hay que colocar el aprendizaje de la *lectura* de los hechos del mundo), más te vale dedicarte a otros asuntos. Pero el hábito de leer, que compensa mucho, se puede adquirir ateniéndose a las indicaciones siguientes, en cierto modo aleatorias, pero que con el tiempo podrás mejorar[1]:

> 1. Si te resulta difícil encontrar algún libro en los comercios, lo más cómodo es recurrir a librerías grandes o muy profesionalizadas, con acceso informático o impreso

EL APRENDIZAJE DEL APRENDIZAJE

7. *Para adquirir el* hábito *de leer...*

... está en primer lugar la buena narrativa. He aquí un listado de material que no se cita en consideración a las conveniencias del *mercado* literario y puede usarse incluso si ya se tiene el hábito de leer, pues está al abrigo de la publicidad encubierta de las grandes empresas editoras:

7.1. *Puedes empezar por:* A. DE SAINT EXUPÉRY, *Tierra de hombres*; G. DURRELL, *Mi familia y otros animales*; R. J. SENDER, *Mr. Witt en el Cantón*; T. MANN, *Los Buddenbrook*; I. BABEL, *Caballería roja*; H. BÖLL, *Opiniones de un payaso*; V. NABÓKOV, *Pnin*; M. YOURCENAR, *La obra en negro*; G. GARCÍA MÁRQUEZ, *Cien años de soledad*; R. L. STEVENSON, *La isla del tesoro*; J. CONRAD, *El corazón de las tinieblas*...

7.2. *Puedes seguir con:* A. HUXLEY, *Un mundo feliz* o *Contrapunto*; V. NABÓKOV, *Ada o el Ardor, Habla, memoria* (en realidad, toda la obra madura de este autor); E. HEMINGWAY, *Fiesta*; CH. ISHERWOOD, *Adiós a Berlín*; A. CAMUS, *El extranjero*; J. CORTÁZAR, *Libro de Manuel*; J. BERGER, *Hacia la boda*; G. SEBALD, *Austerlitz*.

7.3. *Hay libros que son auténticas joyas*, como: R. SÁNCHEZ FERLOSIO, *Industrias y andanzas de Alfanhuí*; J. A. GAYA NUÑO, *El Santero de San Saturio*; G. T. LAMPEDUSA, *El Gatopardo*; J. GOYTISOLO, *Coto vedado*; M. YOURCENAR, *¿Qué, la eternidad?*; R. del VALLE INCLÁN, *Luces de Bohemia* (es una obra de teatro, pero no te la puedes perder, como tampoco la siguiente); J. SANCHIS SINISTERRA, *Ñaque*; J. L. BORGES, *El Aleph*; A. CARPENTIER, *El Siglo de las Luces*; J. LEZAMA LIMA, *Paradiso* (ya una obra muy importante).

7.4. No olvides que *algunos de los grandes clásicos literarios que legará el siglo XX son:* MARCEL PROUST (*En busca del tiempo perdido*); FRANZ KAFKA (puedes empezar por *La colonia penitenciaria*, antes de leer *El Proceso* o *América*); JAMES JOYCE (puedes leer *Retrato del artista adolescente*, o *Dublineses*, antes de intentar el *Ulises*), o ROBERT MUSIL (puedes leer *Las tribulaciones del estudiante Törless* antes de entrar en *El hombre sin cualidades*).

7.5. Y *algunos clásicos fundamentales:* TOLSTOI (*Guerra y Paz, Ana Karenina*, aunque puedes empezar por *La muerte de Ivan Ilich*);

---

al ISBN, un registro de edición, o a los catálogos de *Libros en venta* que edita el Instituto Nacional del Libro Español (INLE), u otros. Has de comprender que ningún librero puede tener en su almacén todos los libros del mercado, por lo que la mayoría de las veces hay que *encargar* el libro buscado.

DOSTOIEVSKI (*El idiota, Los hermanos Karamazov*, aunque puedes empezar por *Noches Blancas*); FLAUBERT, *Madame Bovary, La educación sentimental*; MANZONI, *Los novios*; STENDHAL (*El rojo y el negro, La Cartuja de Parma*, aunque puedes empezar por las *Crónicas italianas*); hay que ver o leer todo SHAKESPEARE, y a CERVANTES (*El Ingenioso Hidalgo*..., por supuesto, cuando te hayas liberado de prejuicios y dogmatismos *oficiales* acerca de Cervantes, aunque puedes empezar por una novela *ejemplar*, como *El casamiento engañoso y el coloquio de los perros* para dejar atrás esos prejuicios).

7.6. Si lo que en realidad te gusta es *la novela negra*, entonces no pierdas el tiempo con los mediocres y ve directamente a los grandes clásicos del género: D. HAMMET, R. CHANDLER, H. MCCOY, J. ELLROY y J. M. CAIN. M. VÁZQUEZ MONTALBÁN y L. SCIACCIA ofrecen variantes española y siciliana, de grandísima calidad, de este subgénero literario. Autores actuales interesantes: LE CARRÉ, MANKELL, LARSSON.

7.7. En cuanto a la *ciencia ficción*, lo mejor son también los clásicos: A. HUXLEY, *Un mundo feliz*; G. ORWELL, *1984*; I. ASIMOV, *Yo robot*; o B. W. ALDISS, *Intangibles S.A.*

Hay además otros muchos géneros literarios: las autobiografías y biografías, por ejemplo.
Y la lírica.
En castellano no puedes perderte a GARCILASO, JUAN DE LA CRUZ, GÓNGORA... ni a MACHADO, ALBERTI, HERNÁNDEZ, CERNUDA, GIL DE BIEDMA, R. DALTON, A. GONZÁLEZ o L. GARCÍA MONTERO, por poner unos pocos ejemplos. Los poetas —decía Marx— son ciudadanos especiales.

CINE

Lo que hay que ver...

P. ALMODÓVAR, *¿Qué he hecho yo para merecer esto?* [1984]; G. AMELIO, *Niños robados* [1992]; L. ANDERSON, *El ingenuo salvaje* [1963]; T. ANGELOPOULOS, *La mirada de Ulises* [1995], *La eternidad y un día* [1998], *Paisaje en la niebla*, [1988]; J. A. BARDEM, *Calle Mayor* [1956]; L. G. BERLANGA, *El verdugo* [1963]; I. BERGMANN, *Fresas silvestres* [1956]; B. BERTOLUCCI, *El último tango en París* [1972], *Novecento* [1976]; H. BIBERMANN, *La sal de la tierra* [1954]; P. BOGART, *Trilogía de Nueva York* [1988]; R. BRESSON, *El dinero* [1983]; *Cuatro noches de un soñador* [1971]; L. BUÑUEL, *La edad de oro* [1930]; *Así es la aurora* [1955]; *El Ángel Exterminador* [1962], *El fantasma* *de la libertad* [1973]; S. Cabrera, *La estrategia del caracol* [1993]; Ch. Chaplin, *Tiempos Modernos* [1935], *Luces de la Ciudad* [1930], *La Quimera del Oro* [1925], *El Chico* [1920], *El emigrante* [1917]; R. Clair, *Un sombrero de paja de Italia* [1927]; J. Cocteau, *La Bella y la Bestia* [1946]; A. Corti, *Bienvenidos a Viena* [1986]; J. L. Cuerda, *Amanece que no es poco* [1988]; G. de Sanctis, *Arroz amargo* [1948]; V. de Sica, *Ladrones de bicicletas* [1948]; A. Díaz Yanes, *Nadie hablará de nosotras cuando hayamos muerto* [1995]; C. Dreyer, *La palabra* [1965], *Dies iræ* [1943], *La pasión de Juana de Arco* [1927]; G. Dunning, *El submarino amarillo* [1968]; C. Eastwood, *Gran Torino* [2008]; S. M. Eisenstein, *El acorazado Potemkin* [1925], *Octubre* [1927], *Alexander Nevski* [1938], *Iván el Terrible* [1944]; V. Erice, *El espíritu de la colmena* [1973]; R. W. Fassbinder, *El viaje a la felicidad de mamá Kusters* [1975], *La ley del más fuerte* [1974]; P. Ferreira, *Para que no me olvides* [2005]; R. Franco, *La buena estrella* [1997]; J. Ford, *La Diligencia* [1939], *Las uvas de la ira* [1940]; F. Ford Coppola, *La conversación* [1974]; *El padrino* [1970-1990]; S. Frears, *Mi hermosa lavandería* [1985]; J. L. Guerin, *Tren de sombras* [1995], *En construcción* [2000]; T. Gilliam, *Brazil* [1984]; J. L. Godard, *Vivir su vida* [1962]; H. Hawks, *Río Bravo* [1959]; F. Henckel von Donnensmarck, *La vida de los otros* [2006]; A. Hitchcock, *Sospecha* [1941]; J. Huston, *La Reina de África* [1951]; J. Ivens, *Tierra de España* [1937]; B. Keaton, *El maquinista de La General* [1926], *El navegante* [1924]; A. Kiarostami, *El sabor de las cerezas* [1997]; S. Kubrick, *Senderos de gloria* [1957], *¿Teléfono Rojo? Volamos hacia Moscú* [1963], *2001: una odisea en el espacio* [1968]; A. Kurosawa, *Rashomon* [1950]; F. Lang, *M., el Vampiro de Düsseldorf* [1931]; F. León de Aranoa, *Los lunes al sol* [2000]; L. Llobet Gracia, *Vida en sombras* [1948]; K. Loach, *Riff-Raff* [1991]; J. Losey, *Por el rey y por la patria* [1964]; E. Lubitsch, *Ser o no ser* [1942]; L. Malle, *Milou en Mai* [1990]; Marx brothers, *Una noche en la ópera* [1935], *Sopa de ganso* [1933]; J. P. Melville, *El silencio de un hombre* [1967], *El ejército de las sombras* [1969]; M. Monicelli, *I compagni* [1963]; M. Nair, *Salaam, Bombay* [1988]; P. P. Pasolini, *El requesón* (episodio de *Rogopag*) [1963], *Pajarracos y pajaritos* [1965], *Las mil y una noches* [1974], *Saló* [1975]; G. Pontecorvo, *La batalla de Argel* [1966]; P. Portabella, *El silencio antes de Bach* [2008]; V. Pudovkin, *La madre* [1926], *Tempestad sobre Asia* [1928]; N. Ray, *Johnny Guitar* [1953]; A. Resnais, *Noche y niebla* [1955]; T. Richardson, *La soledad del corredor de fondo* [1962]; R. Rossellini, *Germania anno zero* [1947], *La toma del poder por Luis XIV* [1966]; F. Rosi, *Salvatore Giuliano* [1962], *Manos sobre la ciudad* [1963]; J. Sayles, *Lianna* [1982]; E. Scola, *C'eravamo tanto amati* [1974], *La sala de baile* [1983]; M. Scorsese, *Infiltrados* [2006]; R. Scott, *Blade*

Runner [1982]; V. SCHLÖNDORFF, *El joven Törless* [1966]; A. TANNER, *Charles mort ou vif* [1969], *La salamandra* [1971]; A. TARKOVSKI, *La infancia de Iván* [1962], *Solaris* [1972], *Sacrificio* [1986]; B. TAVERNIER, *Hoy empieza todo* [1999]; A. TÉCHINÉ, *Los juncos salvajes* [1994]; G. VAN SANT, *Mi Idaho particular* [1991]; J. VIGO, *L'Atalante* [1934]; L. VISCONTI, *Rocco y sus hermanos* [1960], *Senso* [1954], *El Gatopardo* [1963]; O. WELLES, *Ciudadano Kane* [1940], *F. for Fake* [1973], *Una historia inmortal* [1968], *Sed de mal* [1957]; R. WIENE, *El gabinete del Dr. Caligari* [1919]; B. WILDER, *Con faldas y a lo loco* [1959]; W. WYLER, *La gran prueba* [1956]; I. ZULUETA, *Arrebato* [1980]... y un larguísimo etcétera.

MÚSICA «CULTA»: UNA DISCOGRAFÍA

La música técnicamente elaborada, culta, a la que es habitual llamar «clásica» (lo que no pasa de ser una denominación convencional, pues *también* serán «clásicos» del siglo XX BOB DYLAN o EL CAMARÓN DE LA ISLA, por ejemplo), puede ponerte en comunicación con lo bello cuando sientas la imperiosa necesidad de distanciarte, aunque sea por unos momentos, de la miseria moral de nuestro mundo. Por supuesto, hay que aprender a *escuchar* —como hay que aprender a *ver*, por ejemplo, pintura—; la verdadera audición de la música es por otra parte incompatible con cualquier otra ocupación (y, según como estén organizados tus sentidos, hasta con tener los ojos abiertos).

Para ponerte al abrigo de publicidades dudosas (las que prometen un montón de discos compactos pagaderos por plazos mensuales), la discografía que sigue no es sólo un listado de obras-clave, sino que trata de indicarte al mismo tiempo *interpretaciones* destacables, modélicas desde algún punto de vista. Una interpretación deficiente puede arruinar la mejor pieza, y una buena llevarnos a los límites de la capacidad significativa de las vibraciones sonoras. Salvo indicación en sentido contrario, la música reseñada tiene por soporte discos compactos. Hay una docena de piezas señaladas con asterisco de escucha indispensable.

I. ALBÉNIZ: *Iberia*, vers. A. Larrocha (Decca, 417-887-2). J. S. BACH: *Variaciones Goldberg*, preferiblemente la «segunda» grabación de G. Gould (Sony, SMK 52619)*, o interpret. de R. Tureck (Classical Music, Inc., 518-449-5286)*; *Ofrenda Musical*, vers. D. Moroney (Harmonia Mundi, HMC 901260); *Cantata BWV 140, Wachet auf, ruft uns die Stimme*, vers. K. Richter, (Deutsche Grammophon, 419 466-2); *La Pasión según san Mateo*, vers. E. Jochum (Philips, 420 900-2)*; *Misa en si menor*, vers. C. M. Giulini (Sony, S2K 66354). B. BARTOK:

Cuartetos para cuerda (Erato, 3984-25594-2). L. V. BEETHOVEN: *Sonata para piano n.º 32*, interpret. de A. Benedetti Michelangeli (Decca, 417 772-2)*; *Sexta Sinfonía*, vers. O. Klemperer (EMI, CDM 7 63358 2); *Cuartetos para cuerda*, sobre todo de la llamada «época media», vers. del Cuarteto Amadeus (Deutsche Grammophon, 423 474-2 a 423 480-2)*. L. BERIO: *Folk-songs*, vers. R. Chailly (Decca, BIEM/Stemra 425 832-2); L. BERNSTEIN: *West Side Story*, vers. del autor (Deutsche Grammophon, 415 254-2 y 415 255-2)*. A. BERG: *Suite lírica para cuarteto de cuerdas*, vers. Cuarteto LaSalle (Deutsche Grammophon, 419 994-2). G. BIZET: *Carmen*, vers. C. Abbado (Deutsche Grammophon, 445 462-2); J. BRAHMS: *Sinfonías*, vers. C. M. Giulini (EMI, CZS 25 2168 2). B. BRITTEN: *Las iluminaciones*, vers. R. Tear y C. M. Giulini (Deutsche Grammophon, 423 239-2). M. A. CHARPENTIER: *Lecciones de Tinieblas*, vers. de «Le Concerto Vocale» (Harmonia Mundi, HMC 901005). F. CHOPIN: *Nocturnos*, interpret. A. Rubinstein (RCA, LC 0316)*; *Estudios*, interpret. M. Pollini, (Deutsche Grammophon, 413 794-2). C. DEBUSSY: *Imágenes para orquesta*, vers. Boulez (Deutsche Grammophon, 435 766-2). J. DOWLAND: *Dances*, interpret. J. Bream (RCA Victor - BMG, 1993, F: BM610). M. DURUFLÉ: *Requiem*, vers. G. Guest (Decca, 436 486-2). J. DEL ENZINA: *Romances y villancicos*, interpret. J. Savall (Astrée, E 8707). M. DE FALLA: *La vida breve*, vers. García-Navarro (Deutsche Grammophon, 435 851-2). G. FAURÉ: *Nocturnos*, interpret. J. Ph. Collard (EMI, CMS 7691492)*; *Requiem*, vers. G. Guest (Decca, 436 486-2). O. GIBBONS: *Fantasías en III partes*, vers. J. Savall (Astrée, E 7747). E. GRANADOS: *Danzas españolas*, vers. Larrocha (Decca, 414 557-2). G. F. HÆNDEL: *El Mesías*, vers. Klemperer (EMI, CMS 7 63621 2); *Concerti Grossi, Op. 3*, vers. Pinnock (Archiv, 727-2); *Lucrezia*, vers. Baker-Leppard (Philips, 426 450-2). J. HAYDN: *Cuartetos para cuerda* —sobre todo Op. 64—, vers. Tátrai (Hungaroton, HCD 22838-39-2). F. LISTZ: *Años de Peregrinaje, II, Italia*, interpret. A. Brendel (Philips, 420 169-2). G. MAHLER: *Sinfonía n.º 5*, vers. Barbirolli (EMI, CDM 7 69186 2); *La Canción de la Tierra*, vers. B. Walter con K. Ferrier (Decca, 414 194-2)*. F. MENDELSSOHN: *Trío en re menor para piano, violín y cello*, vers. Casals (Sony, SMK 48126). O. MESSIAEN: *Quatuor pour la Fin du Temps*, vers. Barenboim (Deutsche Grammophon, 423 247-2). C. MONTEVERDI: *L'Orfeo*, vers. J. Eliot Gardiner (Archiv, 419 250-2); *Lamento d'Arianna*, vers. J. Jurgens (Archiv, 2533 146, disco de vinilo); *Laudate pueri*, vers. G. Guest (Decca, Argo, sxl 29038, disco de vinilo). X. MONSALVATGE: *Canciones negras*, interpret. de Berganza y Lavilla (Deutsche Grammophon, 435 850-2)*. W. A. MOZART: *Quinteto para clarinete y cuerdas*, vers. de Miembros del Octeto de Viena, con A. Boskovsky (Decca, 417 643-2)*; *Concierto para piano y orq., n.º 27 en si bemol mayor*, vers. Schnabel-Barbirolli (EMI, CHS 7 63703 2); *Sinfonía 38, «Praga»*, vers. B. Walter (CBS, 72138, disco de vinilo); *Requiem*, vers. Karajan en 1962 (Deutsche Grammophon, 429 160-2)*; *La flauta mágica*, vers. de O. Klemperer (EMI, CMS 7 69971 2)*; *Don Giovanni*, vers. Giulini (EMI 7 63078-2). G. Puccini: *Tosca*, vers. Del Monaco-Tebaldi-Molinari Pradelli (Decca, 411 871-2). H. Purcell: *Canciones y arias*, vers. Kirby-Hogwood (Decca, L'Oiseau-Lyre, 417 123-2); *The Fairy Queen*, vers. Britten (Decca, 433 163-2). S. Prokófiev: *Alexander Nevski*, vers. Svetlanov (Melodia, HMES 610-24, disco de vinilo). S. Rachmaninov: *Concierto para piano y orquesta n.º 2*, vers. S. Richter (Deutsche Grammophon, 429 920-2); *Suites 1 & 2 para dos pianos*, interpret. Ashkenazy-Prévin (Decca, 425 029-2); *Preludios Op. 32, n.º 5 y 12*, vers. Horowitz (Deutsche Grammophon, 419 499-2); *Tríos con piano*, vers. Trio Beaux Arts (Philips, 420 175-2). M. Ravel: *Concierto en sol menor*, vers. de Benedetti y Gracis (EMI, CDC 7 49326 2)*; *Bolero*, vers. Boulez (Deutsche Grammophon, 439 859-2); *Cuarteto de cuerdas en fa mayor*, vers. del Cuarteto del estado búlgaro (Harmonia Mundi, HM 723, en disco de vinilo). G. Rossini: *Stabat Mater*, vers. Kertész (Decca, 417 766-2); *Sonatas para cuerdas 1-6*, vers. I Musici (Philips 434 734-2). D. Scarlatti: *Sonata K. 380*, interpret. Horowitz (Deutsche Grammophon, 419 499-2). A. Schönberg: *La noche transfigurada*, vers. Barenboim (EMI, 5 665079-2); *Erwartung, op. 17*, vers. Silja y Dohnányi (Decca, 417 348-2); *Gurrelieder*, vers. Boulez, Minton, etc. (CBS 78 264, disco de vinilo). R. Schumann: *Carnaval, op. 9*, interpret. de A. Benedetti (EMI, CDC 7 49325-2); *Escenas del Fausto de Goethe*, vers. B. Britten (Decca 425 705-2); *Dichterliebe*, vers. Bär-Parsons (EMI 7 54027-2). F. Schubert: *Quinteto en do mayor D 956, Op. 163**, del que hubo una versión en disco de vinilo del Cuarteto de la Filarmónica de Viena con W. Boskowski, al parecer descatalogada; puede recurrirse a la vers. del Cuarteto Alban Berg (EMI, CDC 7 47018 2); *Sonata para piano en si bemol mayor, D. 960*, interpret. de S. Richter (Harmonia Mundi, 354014). A. Scriabin: *Estudios, Op. 2, n.º 1; Op. 8, n.º 12*, vers. Horowitz (Deutsche Grammophon, 419 499-2). D. Shostakovich: *Preludios y fugas para piano*, interpret. S. Richter (Philips, 438 697-2)*; *Concierto para piano y orquesta n.º 2*, vers. del autor (EMI, 7 54606 2); *Sinfonía n.º 12, «Octubre», a la memoria de Lenin*, vers. Y. Mravisnki (Ariola, M 74 485 K, disco de vinilo); *Cuartetos para cuerdas* —son numerosos—, versiones del cuarteto Fitzwilliam (por ejemplo, Decca, 421 475-2) o del cuarteto Borodin (EMI 5 65032 2). I. Stravinski: *La consagración de la primavera*, vers. Boulez (Deutsche Grammophon, 435 769-2); *Concierto de ébano*, vers. Boulez (Deutsche Grammophon, 447 405-2). R. Strauss: *Cuatro últimas canciones*, interpret. J. Norman (ETERNA, 3 29 250). P. I. Tchaikowski: *Obertura de Romeo y Julieta*, vers. Toscanini (GDS, 5001, disco de vinilo). G. Verdi: *Messa da Requiem*, vers. Karajan (Deutsche Grammophon, 413 215-2). T. L. de Victoria: *Magníficat* *primi toni*, vers. G. Guest, (Decca, 430 267-2). A. Vivaldi: *Concierto para piccolo*, vers. Linde-Hofman (se reproduce en Deutsche Grammophon, 447 202-2); *Gloria RV 588*, vers. Guest (Decca, 410 018-2). R. Wagner: *Wesendonk Lieder*, vers. J. Norman (EMI, 7692562); *Idilio de Sigfrido*, vers. Barenboim (EMI, J 063-00.353, disco de vinilo). A. Webern: *Cuarteto para cuerdas, Op. 28*, vers. Artis Quartett (Sony, SK 48 059).

NOTA DE AGRADECIMIENTO

Varios amigos han tenido la amabilidad de arrancar tiempo a sus ocupaciones para leer y criticar una primera redacción de estas páginas, formular sugerencias o atender a mis apremiantes peticiones de información. Otros han señalado los errores habidos en la primera edición. Otros, finalmente, me han ayudado con la bibliografía de esta edición. A todos les estoy sincera y profundamente agradecido; no los menciono explícitamente para evitarles las iras de colegas con poco espíritu deportivo, iras para las que no han hecho méritos suficientes.